活力课堂

教学思想的实践探究

彭琴／著

吉林教育出版社

图书在版编目（CIP）数据

活力课堂教学思想的实践探究 / 彭琴著. — 长春：吉林教育出版社，2020.11

ISBN 978-7-5553-9047-3

Ⅰ.①活… Ⅱ.①彭… Ⅲ.①英语—课堂教学—教学研究 Ⅳ.①H319.3

中国版本图书馆CIP数据核字（2020）第219660号

活力课堂教学思想的实践探究　　　　　　　　　　　　　彭　琴　著

责任编辑　朱　欣　　　　　　　　　　　　　　装帖设计　言之凿

出版　吉林教育出版社（长春市同志街1991号　邮政：130021）
发行　吉林教育出版社
印刷　北京政采印刷服务有限公司

开本　787毫米×1092毫米　1/16　印张　11.5　　字数　207千字
版次　2022年6月第1版　　印次　2022年6月第1次印刷
书号　ISBN 978-7-5553-9047-3
定价　45.00元

第三章

"活力课堂"——阅读课 \ 67

第四章

"活力课堂"——读写课 \ 95

第五章

"活力课堂"——写作课 \ 121

第六章
"活力课堂"高考护航 \ 147

第一章

"活力课堂"教学思想凝练

第一节 "活力课堂"教学思想的提出

教学理念决定教学行为。从事英语教学24年来，有一些教学理念深深影响我的教学行为。华东师范大学叶澜教授在《让课堂焕发出生命活力》中提到：必须看到的是课堂教学质量对教师个人生命质量的意义。如果一个教师一辈子从事学校教学工作，就意味着他（她）生命中大量的时间和精力，是在课堂中和为了课堂教学而付出的。课堂教学对他们而言，不只是为学生成长所做的付出，不只是别人交付任务的完成，同时也是自己生命价值和自身发展的体现。国际流行的教学理念"Tell me and I will forget; Show me and I will remember; Involve me and I will learn"，指引我在教学中要特别重视学生在学习中的主体地位。心理学家维果茨基的"最近发展区"理论（Zone of Proximal Development）和布鲁纳的"支架理论"（Scaffolding Theory）指导我关注学生的已有知识水平和心理特点，根据学习主题大胆进行教材整合，关注学生的课堂生成，在教学活动中提供"脚手架"，发展学生的"最近发展区"。克拉申的"二语习得"理论和王初明教授的"学伴用随"教学原则指导我在设计教学环节时，将语言输入和语言输出紧密结合，整体设计语法教学模式和以读促写的教学模式。自从2012年参加广州市基础教育系统新一轮"百千万人才培养工程"第一轮中学名教师培训项目以来，我结合学习和24年的英语教学实践，进行了教学反思，凝练出个人教学思想——"活力课堂"。在英语课堂教学中一直追求这样的目标：让英语课堂充满活力，让英语学习者充满活力，让英语教师充满活力。经过几轮专家答辩，该教学思想在结业答辩的"教学思想"高峰论坛展示，深受专家和同行认可，并作为教学思想凝练的典范在广州市第二批"百千万人才培养工程"中学名教师学员的培训中展示。

一、"活力课堂"教学思想的理论基础

"学相伴、用相随"（Learn together，Use together，简称LTUT），是王初明教授于2009年首先提出的外语学习原则，简称"学伴用随"，强调在学习过程中引入恰当的语境，以利于后续启动外语的使用。相伴正确，使用才能正确；相伴错误，使用就会出错。后来，王初明提出"学伴用随"教学模式的核心理念，是基于四个高效促学的关键因素：交际意图、互动协同、语境相伴、理解与产出相结合。

第一个交际意图是语言学习和使用最基本的内驱力。生活中，人们要交往，交往时有意图要表达，表达时要创造内容，还要调用表达内容的语言和非语言手段，因此，交际意图带来交际需要。

第二个互动协同是对话中必不可少的。对话是一种人类社交互动活动，互动需要相互合作，合作需要相互协同（Alignment），协同是对话互动的一个重要机理。无互动便无协同，互动强，协同强；互动弱，协同弱。如果学习者在互动过程中习得某一语言结构，协同便将它与情境模式关联起来，所有相伴的情境模式变量均可视为这个语言结构的语境，其中包括心境、情境、认知状态、上下文。相关联的情境模式变量与语言结构相互启动，带动语言的使用。

第三个语境相伴是指语境有双重功能：一是促进语言理解，二是启动语言使用。语言结构需要贴上语境标识才具有使用的功能，需要借助语境去激活才能用得出来。语境的作用告诉我们：语言使用与语境不可分割，学语言是为了用，自然要在丰富的语境中学习，学过的语言知识是否能用出来，用出来是对还是错，决定语言知识在学习的过程中与什么语境相伴。

第四个理解与产出相结合，指出了语言理解与产出的形式及两者结合的重要性。语言理解体现在语言输入，包括听和读；语言产出体现在语言输出，包括说和写。理解与产出结合有四种对应的语言技能基本组合：听了之后接着说，或听了之后接着写，或读了之后接着说，或读了之后接着写。在这四种活动里，听和读涉及"学相伴"，说和写体现"用相随"。

这四个促学的关键因素之间有着密切的联系，是高效教学模式的有机组成

部分。交际意图是语言学习的发动机，语境相伴是语言使用的助推器，理解与产出相结合是学习效应的倍增器，互动协同是促学增效的加速器，它们共同铸就了"学伴用随"教学模式的核心理念，如图1-1-1。这是超越学习语种和学习者母语背景，促进语言学习，提高学习效率，构建高效教学模式的基本成分。

龚亚夫在《英语教育新论：多元目标英语课程》中引用了Krashen的"语言习得"理论，他认为"习得是无意识的过程，如同第一语言掌握的过程，当习得发生时，习得者不一定总能意识到这个过程"。在他的"习得"与"学习"假说中，他认为通过使用语言，如听和读，获得语言能力，关注语言意义、语言内容是无意识的过程，并非有意识地学习语法、习惯用法，如记忆语法规则，不断机械重复所教的句型和结构。在Krashen的"可理解的输入"（Comprehensible Input）假说中，他认为，人们掌握语言有一个"沉默期"，在这期间，人们可能不会说，但是在内化语言，内化一段时间就会说了，说的能力来自听和读，而不是说（We acquire from what we hear or read nor from what we say）。他认为要增加可理解的语言输入量，用有趣的读物内容吸引学生，学生就能逐步掌握词汇和语法。最好的输入不必按照语法的顺序，而是按照话题设计，只要有足够的输入量，久而久之，语言结构就可以输入完整。

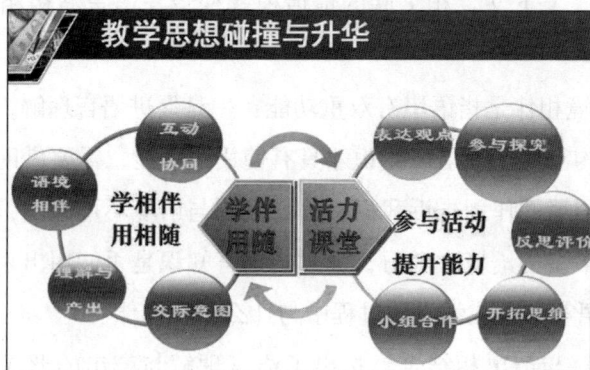

图1-1-1 "活力课堂"教学思想宣讲——教学思想碰撞与升华

二、"活力课堂"教学思想内涵

"活力课堂"教学思想对"活力"两个字的诠释是：活，活动；力，能力。活动是"活力课堂"的主要教学内容，能力是"活力课堂"的目标。活力，在字典上的解释是旺盛的生命力，行动上、思想上或表达上的生动性，这也正是"活力课堂"的愿景：让课堂呈现师生在行动上、思想上或表达上的生动性，焕发出生命的活力。活力的英文是vigor，因此从英文首字母的角度可以这样诠释"活力课堂"的五个内涵，如图1-1-2。

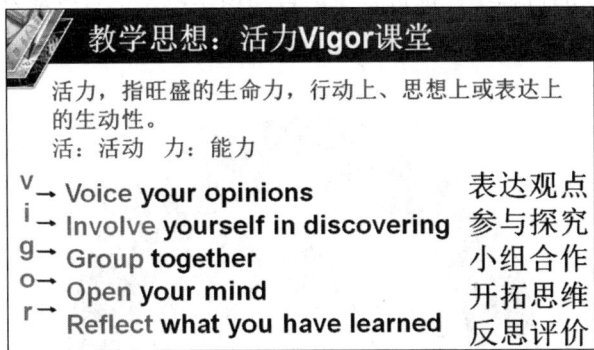

图1-1-2 "活力课堂"教学思想宣讲——活力vigor课堂

这五大内涵虽然按照vigor字母的排列有先后顺序，但在"活力课堂"中，只是"参与探究"和"表达观点"有先后顺序，先进行"参与探究"，让学生通过"读""听""看"的方式感知英语的语言结构，体验语言结构的语用功能，然后进行"表达观点"，让学生在"说"和"写"的活动中实践使用语言。"小组合作"贯穿"活力课堂"始终，"开拓思维"和"反思评价"是培养学生思维品质的重要途径。它们的共同点是都属于学习活动，淡化了以学生为主体和以教师为主体的争执，强调以学习为中心，这正符合指向核心素养的学习活动观。

三、"活力课堂"教学思想的活动观

根据《中国学生发展核心素养（征求意见稿）》，学生发展核心素养，是指学生应具备的、能够适应终身发展和社会发展需要的必备品格和关键能力，综合表现为9大素养，具体为社会责任、国家认同、国际理解；人文底蕴、科学精神、审美情趣；身心健康、学会学习、实践创新。英语学科核心素养为语言能力、学习能力、思维品质和文化品格。英语学科核心素养总目标是培养具有中国情怀、国际视野与跨文化沟通能力的人。核心素养培养的主要途径是课程+课堂+活动。《普通高中英语课程标准（2017年版）》（以下简称《新课标》）指出：六要素整合、指向核心素养的学习活动观是指学生在主题意义引领下，通过学习理解、应用实践、迁移创新等一系列体现综合性、关联性和实践性等特点的英语学习活动，基于已有的知识，依托不同类型的语篇，在分析问题和解决问题的过程中，促进自身语言知识学习、语言技能发展、文化内涵理解、多元思维发展、价值取向判断和学习策略运用，如图1-1-3。

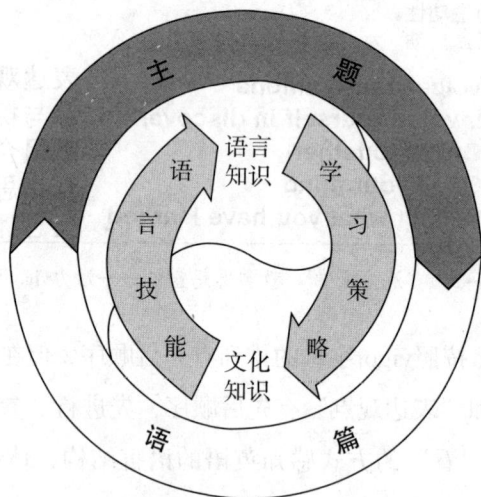

图1-1-3 六要素整合的英语课程内容图示

《新课标》指出，"指向学生学科核心素养的英语教学应以主题意义为引领，以语篇为依托，整合语言知识、文化知识、语言技能和学习策略等学习内容，创设具有综合性、关联性和实践性的英语学习活动"。"活力课堂"的学习活动正是在主题的引领下，通过"参与探究"进行学习理解活动，以"小组合作"为主要的学习方式开展活动。梅德明、王蔷指出，"六要素整合的学习活动观符合外语学习的特点，基于合作和探究的学习活动是体验式的、过程式的，也是建构式的"。"活力课堂"的学习活动是通过"表达观点"进行应用实践和迁移创新的学习活动，旨在模仿语言，进行内容的创新和创造。"表达观点"的学习活动内容要与学生的生活相关联，让学生做到有话可说、有情可表，围绕主题从学习理解走向学习实践，创新地解决问题。例如"活力课堂"之"西入中出"语法教学模式和RSW"读—说—写"读写课教学模式，正是基于主题意义，依托不同类型的语篇，通过英语学习活动，促进学生语言知识学习和语言技能发展。但在让学生学会分析问题和解决问题，促进文化内涵理解、多元思维发展、价值取向判断方面还需深入研究。因此，在对六要素整合、指向核心素养培养的英语学习活动观的研究中，我找到了丰富"活力课堂"教学思想的突破口。

第二节 "活力课堂"小组活动

一、互动协同，创设适合中国国情的小组活动

在王初明教授提出的"学伴用随"外语教学原则中，"互动协同"是核心理念之一。对话是典型互动，协同是互动的内在特征。对话需要双方相互配合，配合需要心理和认知上相互适应，了解对方所处的社会地位与自己的关系，领悟眼下的语境，如此方能在对话中做出恰当反应。这个相互配合和相互适应的合作过程引发相互协同。课堂教学的魅力在于让学生体验学习的魅力，体验英语的魅力，让学生在活动中体验英语、运用英语。活力英语课堂的创新活动需聚焦"活动"与"小组"。开展小组活动，让学生学会用英语做事，培养表达能力和沟通能力，学会做人，培养合作精神和创新精神，使反思评价、开拓思维等"活力课堂"的各个内涵都得到充分的体现，学习活动得以优化。

建构主义理论认为，互动是课堂上主要的学习途径，也是重要的学习交际技能，课堂教学的互动指教师与学生之间、学生与学生之间以及学生与文本之间的互动。小组活动就是生生之间的互动活动，教师在开展小组活动时给出明确的小组任务，包括小组活动主题、活动方式、活动时间、活动成果及评价方式和小组成员的角色，如发言者、速记员、汇报者。考虑到大班教学，"活力课堂"的小组活动都是限时进行的，强化生生互动，激发学生参与小组活动的积极性，让学生在同伴中表达观点，直接了解同伴的思想，教师在观察小组活动中参与小组的互动，实现师生对话，就这样营造轻松、愉快的氛围，加强学生的主动性和归属感。小组的分组坚持"组内异质，组间同质"策略，开展组名、组牌、组徽、小组口号的设计，制定小组公约，遵循自主学习规则、合作

学习规则和探究学习规则。

　　小组合作和课堂活动是英语教师出国学习和参加各类培训的主要学习内容，但教师们通常是学习时很激动，回到课堂不行动，并列出大班教学、时间不够等诸多困难。因此，探索具有中国特色的教学路径一直是我的教学追求。"活力课堂"小组活动的创设充分借鉴广东番禺中学胡展航校长提出的"参与式课堂教学模式"，以"小组合作、先学后导"为基本特征，以积极参与、有效参与为价值追求，以学习目标的有效达成为根本宗旨，以学生为中心，以学案为载体，以核心知识和关键问题为抓手，以强化课前预习为手段，以小组围桌而坐、互助合作为形式，注重学思结合，改变传统的教师灌输、学生接受的学习方式，倡导学生通过自主、合作、互助、探究等方式主动建构知识，形成能力。我组织"彭琴'活力课堂'工作室"和"广州市彭琴名教师工作室"两大研究团队，结合国内外的先进理念，创设适合中国国情、大班教学的"活力课堂"小组活动，在活动创设中立足本土文化，允许采用民族文化传统中积极的学习方式。考虑到大班制和教室的座位编排，所有的小组活动都是限时的，并通过四人小组合作形式进行。例如最受学生欢迎的小组活动"1分钟英语演讲"正是我在澳洲学习到并根据中国课堂情况改进的，要求学生选用教材规定的话题或自选话题在1分钟内脱稿完成演讲，每组4人需要4分钟，再用1分钟进行评价，5分钟内可完成。自创"Tell me Why"词汇活动，在单元词汇教学中，抛出三个问题：1.Which word do you like best? why? 2. Which word do you dislike? why? 3. Which words are related to the topic? why? 关注学生学习的内驱力，对词汇产生"feeling"，进行"deep thinking"。每日规定活动"5-miute English Talent Show"（5分钟英语才艺）让学生对英语课堂充满期待。这些活动因为节奏感强、占用时间少，深受广大师生喜爱。需要反思的是深入研究"强制性语言输出"理论，根据学情调整限定时间和分组方式。

二、"活力课堂"中最受学生欢迎的小组活动

　　第二语言习得是指"在自然或指导的情况下通过有意识学习或无意识吸收掌握母语以外的一门语言的过程"，第二语言习得涉及的因素较多，包括环境、语言、输入以及学习者的年龄、动机、个性等。在这些因素中，写作是语

言输出的重要形式，主要考查英语产出性技能。根据"二语习得"理论的"语言输入假设说"，"Forced Output强制性输出"运用学生的"最近发展区"，足够的输入促进有效的输出，可以促进高效的输出。因此"活力课堂"中的小组活动具备"限时"和"小组的形式"的特点。例如"10-minute debating"（10分钟英语辩论）用于正反类写作课的口语活动中，为书面写作搭建语言支架，也可以用于一些热门话题的辩论中，全班四个大组被分成正反两个大组，进行辩论。教学流程如下：

Step1: 3-minute preparation in fours

Step2: 5-minute debating

Group1, Group2: Advantage

Group3, Group4: Disadvantage

Requirement: Everyone has only one chance. The same vocabulary is not allowed.

Step3: 2-minute conclusion

以人教版选修7第5单元的话题"Travelling abroad"为例，阐述如何用10分钟的辩论活动为正反类写作搭建语言支架。

活动1：3分钟头脑风暴

教师把全班学生分成两个大组，两个大组分别为"Studying abroad"辩论的正方和反方，每个大组分为若干个四人小组，在四人小组讨论时，教师在教室走动，观察学生的讨论情况，并适度参加学生的讨论。在确定赞成或反对"出国留学"的观点后，于3分钟内在四人小组中进行辩论词汇的头脑风暴，每一个组员必须提供至少两个与"出国留学"话题相关的语块，其中一个组员为记录者，使用速记法记录该小组在辩论时所需要的词汇、语块。

分析：因为有3分钟的时间限制，学生参与讨论的热情很高，大部分小组列出了辩论的几大方面，如money, teaching facilities, life style, food, climate。在3分钟的头脑风暴中，学生学会了调动自己的词汇库，并与组员们分享自己储备的词汇，同时也学习到组员们的词汇，但是3分钟的时间很有限，要求学生在课前了解辩论话题，做一些相关词汇的准备。

活动2：5分钟辩论

在限时器规定的5分钟内，正反双方开始辩论，基础分为5分，要求每个学生只有一次辩论机会，每次辩论时要表达完整的句子，某方辩论后要求另一方在3秒钟内必须站起来辩论，否则扣1分，如能针对对方观点进行反驳的加1分。正反两方各派一个学生在黑板上写下本组观点的关键词，要求字迹清楚，没有单词拼写和语法错误，记录较多的组多加1分。学生在辩论时，教师注意提醒学生发言时声音要洪亮，在辩论时不能重复使用黑板上的词汇，在学生表达的观点缺乏说服力时提醒该方进行充分的论证，并提醒另一方抓住机会进行反驳。

分析：5分钟辩论激发了学生参与辩论活动的热情，学生参与面广，每人只能发言一次的规定能让全班至少一半学生参与辩论；不能重复观点的规定能让学生最大限度地表达自己的观点，为下一步的正反观点写作提供了充分有效的语言支架；双方辩论时"每人一次机会"的规则激发全班一半的学生参与辩论，课堂气氛非常活跃，有些学生甚至想站起来第二次表达观点。学生使用了很多与话题相关的词汇，看到黑板上展示的抽象观点时，用例子证明自己的观点，如反方认为出国留学是一种对金钱的浪费，正方马上用钱学森的例子证明出国留学也可以为国家做贡献，这类观点的碰撞让全班掌声雷动。但是大多数学生只关注表达自己的观点，较少对对方的观点进行反驳。在黑板上代表本组记录的学生字迹工整，重点突出，分别列出了九个和十个要点，也获得了同学们的赞扬。

活动3：1分钟总结陈词

正反双方分别进行1分钟的总结陈词，反方先开始，陈词人可以是一个人，也可以是多个人，但停顿时间不能超过3秒，要求必须运用黑板上至少一半的重点词汇。1分钟内不能完成陈词的扣1分，陈词更流利的加1分，陈词更有说服力的加1分。教师认真聆听双方的总结陈词，特别留意学生是否使用黑板上至少一半的重点词汇，并对发言者的语音、语速、语调、内容和语言做总结性的评价。获胜的一方会获得掌声作为鼓励，输的一方进行英语表演。

分析：正反双方1分钟的总结陈词，给学生在整理思路、组织语言方面设置了挑战。正方由一个学生完成1分钟的总结陈词，语言流畅、观点鲜明并很有说服力。反方由两个学生完成了总结陈词，使用了黑板上记录的所有词汇，两位陈词者使用的词汇不重复，也赢得了同学们的掌声。

　　教学实践证明，写作前设计口语活动为写作搭建语言支架的确是提高中学生写作能力的有效途径之一。活动的设计从活动的话题、活动的时间、活动的方式都需要精心设计，对教师提出了更高的要求。第一，活动设计要以学生为中心，关注学生的学习兴趣和"最近发展区"。第二，要善于整合教材和学习资源，注意活动内容和写作内容的话题相关性。第三，要充分运用小组合作学习方式，最大限度地激发学生的积极性，让学生参与活动，为下一步的写作做好充分的热身，搭建充分的语言支架，使写作的完成水到渠成。

　　"活力课堂"的小组活动可以服务于某种课程，也可以贯穿在每天的英语课堂中，如English Talent Show（英语才艺展示）。每天上课前让一个四人小组用5分钟时间展现自己的英语才艺，内容由小组讨论决定。1-minute speech（1分钟英语演讲）要求学生选用教材规定的话题或自选话题在1分钟内脱稿完成演讲，可在英语才艺展中展示，也可以在话题阅读、话题写作课中使用。话题阅读、话题写作课中1分钟演讲流程如下：

Step1: 5-minute vocabulary input/brainstorming

Step2: Preparation for 1-minute speech

Step3:1-minute speech

Student A, B, C, D take turns to make the 1-minute speech

Step4: Best speech presentation

　　词汇活动Odd one out（找不同）是一个要求学生观察词汇特点的游戏。这个活动要求学生观察每组4个单词的异同，找出不一样的那个单词，并说出理由。该活动可用于每个单元的词汇复习课。Sentence-Sharing（美句分享）也是关于词汇运用的小组活动，在每个单元的词汇课中，把单词分给学生A，B，C，D，让学生用3分钟时间准备口头造句，然后在小组中分享，每个组再派一名学生代表在全班分享。这个活动可以帮助学生熟悉单词，培养学生遣词造句的能力。

　　Mind-map（思维导图）又称Mind map（心智图），是一种将知识结构和思维图像化的图形技术，它可以用色彩、图画、代码和多维度来加以修饰，以图文并茂的形式来增强记忆效果，展示学生的思维过程。思维导图可用在小组词汇活动和阅读活动中。在试卷讲评课中组织"I'm the English teacher today!"（今天我是英语老师！）的小组活动，让小组先在课前准备要讲的试题，重点讲解正确项和干扰项，并在小组中试讲，然后在课堂上扮演教师角色的学生讲评试题，并配黑板板书。教师进行点评。

三、"活力课堂" English Corner

"活力课堂"不限于日常的英语课堂，已拓展到第二课堂的英语角社团活动中，在全校范围内推广。"活力课堂"的活动形式多样，活动内容丰富多彩，既有每周定期举行的英语角活动，又有每月举行的外教参与的主题活动，还有每年举行的EMTC英语微技能大赛。English Corner的活动方案及部分活动内容如下。

广东番禺中学学科社团英语角（English Corner）活动方案

时间：每周三下午5：00～5：40

地点：番中书吧

参与学生：高一、高二学生

活动目的：在番中校园营造浓厚的英语学习氛围，为学生提供一个展示英语才艺的舞台，培养学生的家国情怀、跨文化意识和国际视野，培养学生自主探索、合作创新的逐日领潮精神。

英语角组织机构：英语科组指导教师团、英语角社长、英文主持部、英文创意部、英语角小组。英语科组指导教师团：负责活动方案的制定与调整、活动总策划、联系外教、以科组名义撰写宣传文稿、发动师生参与、主持人培训、英语角话题安排。每周英语角活动由两位教师去书吧指导，每月的外教活动要求指导教师团的6位教师全部参与。

英语角社长：2人（高一、高二各1人），负责与指导教师沟通，组织英语角小组组长、英文主持部、英文创意部开展活动。

英文主持部（Hostess Department）：按照活动流程主持英语角活动，培养英文主持人。

英文创意部（Creation Department）：宣传英语角活动，提出活动创意方案。

英语角活动内容：以《新课标》24个话题为中心，以高一、高二英语教材的话题为重点，确定英语角话题，以小组讨论、英语才艺展示的方式拓展课内知识，每月请外教来英语角进行讲座，与学生沟通。

英语角活动常规流程：

（1）主持人宣布活动内容。（2分钟）

（2）英语角主题热身舞蹈。（3分钟）

（3）一个小组英语才艺展示。（5分钟）

（4）小组内讨论英语角话题。（20分钟）

（5）小组展示讨论成果。（10分钟）

英语角活动章程：

（1）参加英语角的学生必须说英文。

（2）一个学期内三次缺席的取消参加英语角的资格。

（3）建立英语角小组，每个小组6人，2名组长，定期交换小组成员。

（4）小组活动评价采用积分制，每月评选英语之星（English Star），在外教活动中颁奖，展示照片。

英语角近期活动内容安排：

3月30日：英语角开幕式及复活节活动

4月6日：健康饮食话题

4月13日：英文歌曲分享

4月20日：英文新闻分享

Good News!

广东番禺中学English Corner 英语社团成立啦！

"复活节"特别活动

邀您一同感受西方节日氛围

亲爱的同学们：

大家好！

你知道复活节的来历吗？你能猜出彩蛋和兔子在复活节中代表着什么吗？你能说出百合花象征着什么吗？

加入我校English Corner英语社团"复活节"特别活动，一起揭开复活节的神秘面纱吧！在这里，你可以品读原汁原味的复活节小故事，不出国门也能一样真切感受西方的节日氛围，这种感觉妙不可言。我们还特别邀请了外教亲临现场，当然少不了精美礼物和幸运大奖啦！名额有限，抓紧报名哦！

活动时间：3月30日下午5：00～5：40

活动地点：教学中楼一楼书吧

参加人员：高一、高二年级同学

If you want to paint the most beautiful egg,

If you want to know more about Easter,

Please come to Our English Corner!

广东番禺中学英语组

2016年3月21日

本期英语角（English Corner）主题
创新思维之"六顶思考帽"

各位同学：

为了培养大家的英语创新思维，本期英语角社团活动主题为创新思维之"六顶思考帽"，将向大家详细介绍一个打开思维的强大武器——平行思维方式之"六顶思考帽"，这种创新的平行思维模式可以帮助大家开拓思维，围绕同一话题展开丰富的思考维度。

期待您的参与！

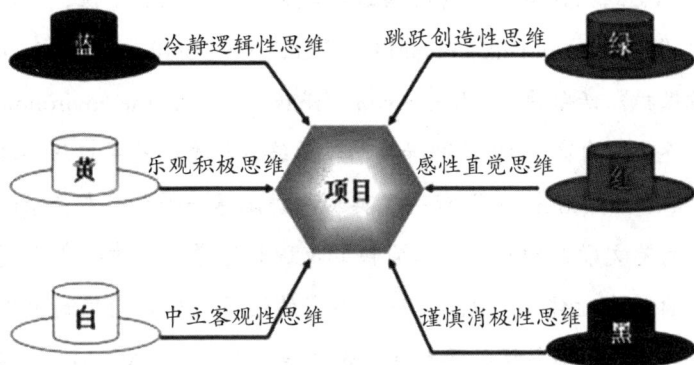

图1-2-1 六顶思考帽

时间：2016年5月25日下午5：00～5：40

地点：番中潮客营

请同学们带上红、黄、蓝、黑、绿5种颜色的笔!

番中论坛——广东番禺中学2017EMTC英语微技能大赛精彩落幕

2017年5月10日下午，由学校德育处和English Corner社团主办的广东番禺中学EMTC英语微技能大赛在学校报告厅拉开帷幕。本次2017EMTC英语微技能大赛以"营造校园英语学习氛围，培养学生英语核心素养"为主题，参赛项目有两项，分别为英文演讲比赛和英文歌曲比赛，吸引了来自高一、高二的100多位同学参加。英语角社团在三位指导老师——彭琴、高君杨和梁艳的精心策划和指导下，通过初赛、复赛，最终选拔了7个演讲、7首英文歌曲参赛，24位选手脱颖而出，流利地道的口语、大方从容的台风、悦耳动听的演唱和精彩纷呈的表现给评委和同学们留下了深刻的印象，比赛现场互动积极，高潮迭起，掌声不断，为我们呈现了一场精彩的英语盛宴。

广东番禺中学学校领导莅临比赛现场，英语科组全体教师参与，8个班级在报告厅观看盛况，并通过电视现场向高一、高二全体学生直播。首先由曾敏副校长现场致辞，她充分肯定了英语角社团开营一年多年来的快速发展，充满激情地宣布广东番禺中学EMTC英语微技能大赛正式开幕。加拿大外教Scott Reid对7位同学的演讲逐个进行了详尽的点评。看到中国学生能够说出如此流利、地道的英语，他感到很惊喜。丰富的演讲话题也深深地吸引了他，有涉及"语言学习"话题的 "Why not like English?" "Let's say goodbye to Chinglish."，有涉及"环境保护"话题的 "Change your habits to protect the environment"。经过激烈的角逐，来自高一9班的胡梓晴同学最终以标准的美式口语和真实感人的 "Brother-Sister Relationship" 获得了英文演讲比赛一等奖。在紧张的演讲比赛后，EMTC的英文歌曲比赛以轻松愉快的氛围让同学们的身心都得到放松。独唱、对唱、自带吉他伴唱、Rap等形式丰富的演唱让观众们得到了听觉和视觉的享受。高二19班的刘航博、李钊洋、朱力恒三人演唱《My love》与观众积极互动，嗨翻全场，最终获得英文歌曲比赛一等奖。

广东番禺中学谭小华校长对EMTC英语微技能大赛进行了精辟的总结评价，他充分肯定了英语科组在学科带头人的引领下，在教学改革和营造校园学习氛围方面的示范作用。他强调英语不仅是语言工具，也是一门培养思维品质的重要学科，寄语同学们学好英语，争取成为具有跨文化沟通能力的人才！学校还特别邀请到番禺区教育局教研室英语教研员曾艳老师来指导大赛，她看到番中学生在英语口语方面的快速进步，非常惊喜和欣慰，指出这体现了广州市中考英语听说、广东省高考英语听说对教学的反拨作用，希望以后每年一次的大赛形式、内容更加丰富，办出番中特色。

广东番禺中学2017EMTC英语微技能大赛在颁奖活动的热烈掌声中结束。学校学术委员会委员彭琴老师作为English Corner社团的总策划，努力探索教师指导学生社团开展活动的方式，及时对英语角的这次大型活动进行了总结，表扬了这次大赛的组织者林佳佳、张希，英文主持人林文浠、周瑞龙等英语角负责人，鼓励他们从这次大赛中发掘人才，把英语角"秀英语、显活力、跟时代、跨文化"的特色传承下去。本次大赛也是对番中教师工作室"彭琴'活力课堂'"之第二课堂成果的一次展示，致力于通过活动提高学生的语言能力，为学生的语言学习提供一个较高层次的展示平台，让学生尽情展示英语才艺，获得英语学习成就感，丰富校园文化生活，逐步培养学生的核心素养。

番中论坛（十九）——广东番禺中学2018EMTC英语微技能大赛圆满举办

5月30日下午，由学校德育处和教导处联合举办的广东番禺中学EMTC英语微技能大赛决赛在学校报告厅圆满结束！本次EMTC大赛的主题是英语配音（English Dubbing），从4月1日开始，面向初中和高一、高二学生开展。初赛由高中部English Corner 社团和初中部English Club社团组织策划，选拔出八组选手进入决赛。八组选手在决赛中展现出他们流利的英语口语以及超强的模仿能力，使观众"声临其境"，投入到不同的英语电影当中，感受学习英语的乐趣。英语科组教师和高一、高二的学生及初中部学生观看了比赛盛况。大赛由高二的吴若琳同学和高一的黄广彦同学全程用英文主持。首先李仕恒、胡梓晴等4位同学带来配音表演《怪兽大学》，活跃了会场气氛。接下来八组选手依次带来他们精彩的表演。

　　特邀嘉宾美国外教Johnny陈建生是中美教育咨询中心负责人、广东省《小学英语拼读教程》外方专家、东华国际董事长。他因为精通中文和英文，游走于中美文化之间，对中美文化沟通所做出的贡献曾被《中国日报》报道，他的励志经历大大地激发了学生的语言学习动力。Johnny对每组选手的表现做了详细的精彩点评，对每位选手的努力和能力都给予了肯定。在Q&A环节，Johnny热情地回答了同学们关于学习英语的问题，使同学们受益匪浅。活动临近尾声，刘泰声同学为大家带来了英文歌曲《Supermarket Flowers》，再次掀起了活动的高潮。广东番禺中学2018EMTC英语微技能大赛在颁奖活动的热烈掌声中结束，一年一度的EMTC英语微技能大赛已成为"番中论坛"的特色活动，旨在营造良好的英语学习氛围，为学生提供展示英语才艺的平台，逐步培养学生的英语学科核心素养。

第三节 "活力课堂"教师的专业发展

一、做幸福的教学研究者

正如苏霍姆林斯基所说，"如果你想让教师的劳动能够给教师带来一些乐趣，使天天上课不至于变成一种单调的义务，你就应当引导每一位教师走上从事研究这条幸福的道路上来"。让教师成为研究者，是促进教师专业发展，使教师获得职业幸福感的必经之路。幸福感作为一种主观感受，主要是指需要得到满足、潜能得到发挥、力量得以增长时所获得的持续快乐的体验，是主观心理体验与客观心理功能状态的统一。作为一个职业，教师的职业幸福感主要是指教师在教育教学过程中运用教育智慧，进行教育创新，获取学生及社会的积极评价，感受到职业内在的尊严与欢乐，对自身专业成长和专业发展持续的快乐体验。这种职业幸福感不仅包括教师对职业自身状态的肯定，对自身生存状态的意义体验，也包括学生对教师的道德肯定、知识折服和感情依恋。教师的职业幸福感直接影响学生的幸福感的获取，对学生的身心健康及成长具有很大的作用。教师影响学生的主阵地在课堂，课堂不仅是教师传道授业解惑的地方，也是体现教师价值和生命质量的重要平台，课堂教学是影响教师职业幸福感的至关重要的部分。当教师进入专业发展"高原期"，容易产生职业倦怠感，对课堂习以为常，不再想改变，这时凝练教师的教学风格、教学思想将会让教师获得教学成就感，重新燃起对教育、教学的激情，消除职业倦怠感，提升职业幸福感。

活力，是指旺盛的生命力。"活力课堂"是让学生在英语课堂中能感受英语的语言魅力的课堂，是"教师享受教英语，学生享受学英语"的课堂。回想凝练"活力课堂"教学思想的历程，我每天进入课堂前都要提醒自己，面带笑容，充满自信地进入课堂，富有激情和感染力地与学生交流；每届第一节英语课和学生确定目标，Piano's ambition: Enjoy teaching，Students' ambition: Enjoy learning，Our common ambition: Enjoy English，每届最后一节英语课给学生赠言，If we can dream it, we can do it（只要我们能梦想到的，就能实现）。"让学生享受英语学习，终身热爱学习英语"是我的教学追求。精心设计每一堂课，在课堂教学中坚持"教师为主导，学生为主体"的原则，使英语课融知识性、趣味性为一体，充满时代气息，深受学生的喜爱，形成了充满激情、循循善诱、幽默风趣的教学风格。作为语言教师，中学英语教师应具备较强的英、汉两种语言的口头和书面表达能力，应达到娴熟的程度；应做到英语语音纯正，语调流利顺畅，语速接近和达到自然语速；应力求语言生动、准确、逻辑性强，并富于哲理性和幽默感，声音高低适中、悦耳；板书清晰、工整、美观大方。作为课堂教学的组织者，应该具有较强的课堂组织教学能力，善于驾驭课堂教学，处理好教与学的双边活动，合理分配课堂教学时间，科学地分配知识的密度、广度、深度，重点突出，讲练适中，要善于鼓动、感染学生，力求课堂教学在和谐、轻松的氛围中进行。

二、具备"拿来主义"教材整合观

面对新一轮课改，有些教师持"教材动，才行动"的观望态度，质疑现在的教材是否适合培养学生的核心素养。我认为教师们的教材观需要反思，我们不是教教材而是用教材，"掌握"才是进度，"整合"才是关键词。在"构建'活力课堂'，培养学生核心素养"的专题讲座中，我曾提出"善待教材"和"整合教材"。我组织课题研究团队基于高考24个话题和写作类型对全国四套教材进行整合，建设了基于主题的读写校本教材，很大程度上优化了读写课教学。教材已不局限于纸质教材，涵盖能培养学生"Viewing"（看）的能力的多模态语篇。《新课标》元认知策略发展要求学生通过图书馆、互联网、报纸、杂志、广播或电视等多种渠道查找语言学习所需的信息和材料，学习资料的整合正是对学生核心素养的培养。其实，现在的教材是有很多可取之处的，图1-3-1就是2年前的教学反思。

教材中还是有很多可取之处的!

现在大家慢慢抛弃教材中的内容,自己再找资料补充,15年后我再回到高一,开始细细阅读教材,发现教材中其实有很多可取之处。今天我用了书本中的Using language(人教版Book 1 Unit 1书本Page 6~7),感觉很不错,两封信的设计都很接地气,说出了学生在异性交往、同学交往中遇到的问题,我让学生读完信后回答我的几个问题,理解了信的内容,然后让学生四人小组讨论给Lisa和Xiao Dong的建议,学生们很感兴趣,说了很多好的建议,一些学生用了本单元学的生词ignore,第6页的第三题很自然地引出了直接引语和间接引语的互换,第7页在学生给出建议后可以自然地引出表建议的句型,课后让学生完成写作任务,一封建议信,语言输入和语言输出有机结合。学生深深感到用英语解决问题的重要性,应该是因为这些问题和建议贴近学生生活,让他们有话可说,有情可表,虽然是早上的第一节课,学生兴致盎然,气氛很活跃,我在思考:面对教材,我们是否应该先用"拿来主义",不要轻言"抛弃"!

图1-3-1 2年前的教学反思

三、在教师专业学习共同体中成长

学习共同体最早发端于经济领域,自圣吉于1990年出版《第五项修炼》以后,企业界都努力创建和维持学习型组织。学习型组织理论引入教育领域用以支持学校改进,即创建"专业学习共同体"。"教师专业学习共同体""名师工作室"等的发展均是基于学习共同体理论的发展和应用。教师工作室包括"名师工作室",是指在学校内由教师自发组织、自主参与,为了共同愿景而努力学习的一种教师专业共同体。教师工作室的建设基于教师专业发展理论,尤其是自主生长式教师专业发展理论。我在广东番禺中学教师工作室的学习共同体构建中与吴焕钗、吴茜、陈蓓科、谢敏君、姚铸等老师组建了"彭琴'活力课堂'工作室",致力于"活力课堂"的课堂活动创设和教学思想的凝练。2018年我被评为广州市名教师工作室主持人,组建广州市彭琴名教师工作室,工作室成员在主题为"新课标下丰富'活力课堂'教学思想的思考"的研修活动中,从如何丰富"活力课堂"教学思想和如何在教学中体现"活力课堂"教学思想两方面进行了专题研讨,工作室成员的研修成果如下。

吴艳老师:

"活力课堂"教学思想的理论依据有:"学伴用随"外语教学原则、"支架教学"理论、建构主义理论、"二语习得"理论之语言输入假说。"活力课堂"强调理解和产出相结合，语言输入和输出相一致，以强制性语言输出为理论依据，互动协同。"活力课堂"四人小组合作限时口语活动形式丰富，可操作性强。

英语学科的特点是时效性、综合性、运用性强。作为英语教师，我们在强调语言强制输出的同时，也要重视大量有效的输入。"二语习得"还有个名词叫"母语负迁移"，就是指把母语的用法错误地套在外语上。为什么会出现这种情况呢？如果学生在输入不够的情况下就去输出，他们没有办法，只有寻求母语的帮助。这就是"负迁移"。如果我们采取了符合认知规律的方法，很多问题就不会存在。大量输入本身就是一个纠错的过程，就如提高辨别假钞能力最好的方法就是熟悉真钞，大量输入就是熟悉真钞。只要你对真钞非常熟悉，凡是和它不一样的，都是假钞。说到底就是啃原文，这样效果好，但需要长时间积累，效果难以迅速量化，应试阶段的管理者和师生可能觉得耗不起这个时间。

那么如何在教学中体现"活力课堂"教学思想？

（1）面向语言"功能"，创设语境。创设真实合理的语境让学生想要用英语去做实事，能用英语去解决实际问题，这就是面向"功能"的学习。母语不再是学习英语的干扰，而是变成助推器。

（2）调动学生的多种感官，让学生全面展现自我，在互动中学习。"活力课堂"四人小组合作限时口语活动通过动手、动口、动耳、动脑训练学生，保护了学生独立思考的积极性，让他们的个性在课堂上得到了充分的张扬，也促使他们在讨论中碰撞出智慧的火花，最大限度地发挥自己的智慧和能力，给课堂教学注入生机。因此，课堂教学中只有充分调动学生的多种感官，让学生在全方位参与中学习，才能激发学生的学习积极性，提高学生的参与率，使课堂生机勃勃、充满活力。

（3）让每一位学生品味成功的喜悦。努力创设有梯度的课堂活动，让学困生在英语课堂上尝到成功的喜悦，从而激起他们的学习兴趣，让这一部分同学也动起来，才能使课堂真正活起来。

总之，要让我们的英语课堂充满活力就一定要把它变成学生乐于学习的场所，把学习的权利还给学生，让他们的个性在课堂上飞扬。

吴焕钗老师：

我个人是非常认同"活力课堂"这个提法的，而"活力课堂"也与《新课标》的英语学习活动观是不谋而合的。我在平时的教学当中，也非常努力地去尝试"活力课堂"这一理念。我使用的主要方法是在课前给学生提供五分钟的英语才艺展，学生通过英语才艺展能够展示自己的兴趣，分享感兴趣的话题，并能在展示英语能力的同时使用目标语言。我觉得课前五分钟的英语才艺展对学生英语学习能力的提高是非常有帮助的，而且有利于活跃课堂。另外，我在课堂当中还会根据不同的课型设计不同的活动。比如，试题或者作业讲评课，我会采取小组讨论的方式，然后让小组代表去抢答；在写作课当中，我会采取小组合作或者拼图写作的方式；在语法教学当中，我会使用角色扮演等方式，让学生在语境当中运用目标语法。不管是什么课型，我的课堂总是以学生为主体，让学生共同合作讨论，小组通力合作完成任务。

辛少芳老师：

我们践行"活力课堂"可以通过拓展"活力课堂"的形式来进行。比如可以充分挖掘一分钟演讲的形式，结合最新的高考60字概要，让学生在分析阅读文本之后进行一分钟的概述，也可以结合高考的听说内容在课前进行一分钟的讲故事，还可以结合课文的话题，进行一分钟的小对话。在进行这些活动之前，一定要落实活动的组织方式以及组内成员的具体分工，确保合作的有效性。另外，要给学生搭建足够的支架或者给予引导，确保学生能够有话可说，又能言之有"理"。

此外，还可以通过课前课后的各种活动，让学生在课堂上有展示的机会。比如组织课前的三分钟讲故事、唱歌、话剧、演讲和读者剧场等活动，同时定期举行一些英语的才艺活动，给学生提供展示的舞台。本人就在高一举行过英语剧表演、语法思维手抄报、国庆节手抄报等活动，充分在课内外调动学生学习英语的热情。

关于如何在教学中体现"活力课堂"的思想，首先应该备课充分，只有教师有激情，才能让课堂有活力。同时教师的活动要指令清晰，要能够关注学生动态，并且及时反馈，不断地给学生信心和鼓励，让学生多开口。在各种活动中调动学生的积极性，确保学生在课堂上的话语时间。

课堂任务的设计要层次分明，循序渐进，从易到难。在各个活动中要给学生搭建足够的支架，确保学生输出的语言基础和语言知识。同时，问题的设置要有层次，既有对文本的浅层次理解、辨析，也有对文本的推理和评价。最后给学生提供创新和创作的机会，基于文本，深挖文本，然后超越文本，培养学生的推理、分析、评价等思维品质。

活动形式要多样，组织方式也要多样，让学生在用中学，学中用，使学生的语言能力有所提升。在课堂中，要通过不同的活动吸引学生的注意力，通过不断变换活动组织方式，维持学生的学习兴趣，最后达到保持课堂活力的目的。

高君杨老师：

英语是一种语言，较其他学科更需要学生的高度参与，能自如地使用这种语言才是真正学会这种语言，学生也会从此得到学习的满足感。教师可以通过活动寓教于乐，丰富多彩的活动能够唤起学困生学习英语的兴趣，形成稳定的学习动机。例如，教师可在教学活动中利用英语游戏、竞赛活动等激发学生的学习热情，也可以通过课前一分钟、课堂才艺展示、英语辩论、思维导图展示等活动，充分地给予学生舞台，让他们展示自己、培养能力、增加自信，教师也要适时给予评价和鼓励，从而潜移默化地激发学生的潜在学习动机。

教育家陶行知先生说："先生不应该专教书，他的责任是教人做人；学生不应该专读书，他的责任是学习人生之道。"教师如一味重复教材，一心只想帮助学生应付考试，这样的课堂死气沉沉，没有一点活力。因此，要改变这种课堂教学状况，就应该以学生的发展为本，关注学生的需要和个性发展，让课堂焕发出活力。

（1）"活力课堂"应该是自主探究的课堂。自主探究是新课程倡导的重要理念，是把知识交给学生去自主探究，教师在旁引导总结。例如语法课不再是教师照书宣读语法规则，可以让学生通过丰富的例子，自己讨论总结，发现规律。

（2）"活力课堂"应该是合作分享的课堂。新课标主张个性的体验，同样提出要培养学生合作学习的能力。合作学习，不仅仅是课堂讨论，还可以有很多方式，如共同完成一张阅读思维导图，合作完成一个课堂才艺展示，拼图阅读等等。

（3）"活力课堂"应该是思维开放的课堂。统一的方法、统一的标准答案会束缚学生的思维。应提出开放式的问题，采取开放式的教学方法，让课堂连接生活、连接社会，使课堂具有生命活力。

（4）"活力课堂"应该是智慧生成的课堂。教书还要育人，在课堂教学中要渗透学科育人，关注学生思维发展。在设计课堂及课后活动时，要整合学科育人的英语学习活动观，设计一系列语言、思维、文化、策略有机融合的活动，如信息获取、梳理整合、内化运用、分析、比较、赏析、评价、迁移创新等。

钟惠贤老师：

我们践行"活力课堂"，可以充分挖掘活力教研和活力作业。活力作业能促进学生全面发展，能广泛调动学生学习的主动性、创造性，有效巩固并拓展知识。作业的设计要更加注重趣味性，力争让每一次的作业都成为学生的成长点，能使学生有所收获。通过完成这些作业，学生的智慧得到启迪，能力得到锻炼，更主要的是让学生的负担减下来。

活力教研、"活力课堂"、活力作业共同发展。活力作业促进了学生生命力的张扬。孩子们在课堂上朝气蓬勃，参加活动生龙活虎，全面发展。"活力课堂"促进了校本教研活动的有效展开，教师的教学经验得以共享，增强了教师的教学智慧。活力教研又为学生发展提供了可靠的保障，课堂教学提效减负，为学生提供了全面发展的空间。

梁颖琪老师：

如何丰富"活力课堂"教学思想？就个人而言，我觉得首先要理解透彻"活力课堂"教学思想的内涵，包括表达观点、参与探究、小组合作、开拓思维和反思评价。这些内涵都是为达到教学目标而设定的，所以教师在平时的教学中，要想方设法设计适合的情境，让学生有机会在预设的情境中表达自己的观点。比如可以让学生选择自己喜欢的Topic进行课前一分钟的Daily Report；可以在课堂活动过程中，让学生分组讨论，讨论之后让小组代表把自己小组的观点进行一分钟演讲；可以在学习语篇的时候，让学生用思维导图来分析文章的结构；在写作的时候也可以让学生分组讨论范文的体裁、结构、好词好句、时态、人称等，并且把主动权交到学生手上，让他们来展示小组讨论的结果……教师要利用自身的个人魅力，让课堂焕发出生命活力，课堂上尽量用英语授课，课后也尽可能多地用英语与学生交流，给学生创设英语口语听说的环境，让他们感受到学习英语的最终目的是交际，是可以实实在在地用到平时的交流当中去的，从而提高学生学习英语的兴趣和积极性。

谢慧婷老师：

随着新一轮课程改革的不断深入，教师的教学观念、教学方法和学生的学习方式也在悄悄地发生变化，作为教师，应当在课堂教学环境中创设一个有利于张扬学生个性的"场所"，让学生的个性在宽松、自然、愉悦的氛围中得到释放，展现生命的活力。那么面对新课改的挑战，如何让我们的课堂真正活起来呢？

（1）引导学生多问、爱问。教学是一个师生互动的双边活动，只有双管齐下才能取得较好的效果。所以，作为教师应引导学生会问、多问、爱问。有时候一个单词、一个句子，也是蕴含着深刻道理的，多问的人自然就能近水楼台先得月。

（2）让表演走进英语课堂。现在的学生活泼好动，喜欢在无拘无束的环境中学习知识，厌烦枯燥无味的说教。他们的表现欲特别强，肢体语言的表达更能帮助学生加强对事物的理解和情感的表达。把表演这种形式引入课堂，就能改变英语课堂沉闷乏味的气氛，给学生营造一种轻松愉悦的学习氛围，给学生提供一个展示自我、表现自我的舞台。这样可以给学生带来无穷的乐趣，使他们觉得英语不再是单纯的字词句的教学，而是一种展现自我的机会，从而极大地调动学生学习的积极性，使他们愿学、乐学。

胡奕娴老师：

从教师的角度，教育者先行。

教师是一切教育行为的实施者、践行者、引导者。教师在学生的学习过程中是起决定性的正负干预作用的。因此，个人认为，要想丰富"活力课堂"教学思想，应该以教师本身为立足点，回忆自己的教学行为，观察学生的课堂反应，分析学生的学习成果，总结自己的教学效率，在教师的理论修养、知识归纳以及传授中反复改进。譬如要让学生Voice Their Opinions，并且是达标地去Voice Their Opinions。也就是能抓住关键词，围绕中心言简意赅地提出自己的观点，以及用有力的论据支撑。教师要自己能完美地Demonstrate一个典型且有参考价值的例子，引导并操练学生去准确地Voice Their Opinions。我们都知道，发表意见谁都会，但是提出创新性的观点和不同于常人的依据是难点。让观点和依据之间形成一个紧密的逻辑关系更是学生在写作中的超级难点。譬如，2016年高考英语作文：请求帮忙修改格式和语言的求助信。对于题目信息点——暑假想去一家外贸公司兼职——的拓展，学生从What，Why，How中选择了Why对本信息点进行写长句。学生产出中有这样一些句子：I want to take up a part-time job in a foreign company because it could broaden my horizons and gain some working experience. 这里存在的思维短板是broaden my horizons 和 gain some working experience 的主语应该是不同的。broaden是兼职这份工作所能带来的直接结果，而gain是I通过兼职所得收获。教师就应该从学生在写作中所存在的问题出发，反思自己的教学。教师并没有培养学生在句子表达中抓住动作与施动者之间的正确关系，导致学生的Opinions表达出现误差。后面的工作就需要教师在落实前预测并且提前让学生去掌握这些知识，才能让学生准确地Voice Their Opinions。

"活力课堂"给学生提供展现自我的舞台。因地制宜，根据自己学生的知识能力，提供学生能够得到的苹果高度，让学生积极参与到课堂学习中，才能有高质量和高效的学习成果。因此，教师要首先了解自己的学生，定位好学生的最近发展区，提供有利、有趣的情境，简化问题和程序，引导和点拨学生的思维，让学生involve themselves in discovering and learning获得成就感的同时去获取知识，掌握技能。发挥集体的力量group together，集思广益。每个人都有他人不能及的闪光点。从这点出发，把学生分组，让他们发散各自的思维，再收拢、集合，在碰撞中相互学习，获取他人的思维过程、逻辑关系以与自己的思维进行比对改进。学生更能够open their minds，真正打开他们的视野，不出门就得到了整个世界，不再坐井观天。譬如在写作中拓展信息点时，笔者先让学生独立思考，形成自己的观点，然后带着自己的观点与同组成员分享并收集其他组员的观点，再带着整组的观点向其他人汇报自己组所有成员的观点，进一步丰富观点，最后回归自己，再次思考选择最佳的观点。这样的一个mingle活动后，学生的笔记中已经积累了除自己观点外的多个观点。这样不但从形式上真正做到了group together，最重要是从思维上真正体现了group together。

胡颖老师：

为了丰富"活力课堂"教学思想，在课堂上还是应该充分体现学生的主体地位，采用多种方式激发学生学习的热情，培养学生自主学习的能力，调动学生学习的积极性，让学生全体参与、积极参与、快乐参与、主动参与。参与的课堂才是真正培养学生能力、迸发智慧的课堂。我们的课堂是唤醒潜能、点燃智慧的火把，上课时，学生是自己的主宰，能与老师平等交流，大胆发表自己独特的见解，充分展示和发挥自己的个性，说自己所想，讲自己所思。课堂不仅仅是教师的讲台，更是学生学习的场所。要尽量在课堂上使"一言堂"变成"群言堂"，让课堂更加充满动感、生气和活力，让学生敢于质疑，愿意与同学、老师交流，勇于发表不同见解，乐于表现自己，这样能大大提高课堂的实效性。

在教学中体现"活力课堂"教学思想可以尝试着做以下几点：

（1）把学生熟悉的能够引起共鸣的事件搬到课堂上。比如说在进行"向校长关于食堂问题提意见"的写作时，可以创建模拟食堂的情境，采用角色扮演的方式提炼提出的建议。

（2）极度注重运用和实践。鼓励学生在课堂之外跟同伴或者老师、家人用所学的语言交流或者分享。

（3）鼓励学生大胆表达。单元话题结束时，可以试着让每个学生做一场属于自己的"TED演讲"，并可以要求同年级或者同科组的老师或者同学等，从眼神、内容、说服力等角度，对孩子做出评价。

吴茜、吴艳、邓熹等老师对于"活力课堂"的研修成果我是非常推崇的，通过创设各种活动，提高学生的能力，还课堂给学生，让学生在合作中学习，在小组中探究。在课堂中，一定要坚持"活力课堂"的理念，践行始终。

谭斌斌老师：

"活力课堂"是让学生在课堂中活跃起来，在轻松愉悦的学习氛围下，有智慧火花的闪现。因此，为了营造"活力课堂"，需要富有智慧的设计和启发，学生的智慧之火被点燃了，课堂也就有了活力。

丰富"活力课堂"教学思想，可以从以下几方面着手：

（1）恰当选择教学模式，构建"活力课堂"，从教学实践中总结"活力课堂"的精髓。教师在教学中应该根据教学实际灵活选择启发式、开放式、合作式、探究式、自主学习式等教学模式，通过科学的教学设计、合理组织与引导，使学生"动"起来：动眼、动脑、动手、动口、师生互动、生生互动……学生在和谐动态又适度紧张的氛围中，不断发现和提出问题，又在探究中不断解决问题，既掌握了科学内容，又体验了科学探究的过程与方法。学生积极灵动的思维，来自教师动态的课堂设计和教师自身在教学环节中扮演的角色。只有这样，教与学才能真正地转移到"核心素养"的培养轨道上，真正丰富"活力课堂"的教学思想。

（2）优化教学环节，使教学课堂充满生机与活力，并及时进行教学反思，将优化环节细化到"活力课堂"教学思想体系当中。优化课堂导入以能激起学生的认知冲突、唤起学生的兴趣与探究愿望为原则，使学生进入教学情境，激发他们的思维。课堂导入要考虑到学生的年龄特点与认知规律，保证学生以良好的思维状态完成整节课的学习，学生的学习与探究能力才会得到有效锻炼与提升。实际教学时，教师还应该根据学生的学习状态及反应对教学环节与流程进行必要的调整，要充分考虑学生个体层次的差异，安排适宜的学习任务，对实现目标也应该分层要求。

"活力课堂"，就是在追求课堂有效性的基础上，让课堂按照有效→优效→"活力课堂"的顺序演变，这也是素质教育的一个有创造性的重要环节。总之，在课堂教学过程中，教师要不断激励学生参与教学活动，让他们通过探究和思考获取知识、拓展思维、提高能力，让学生在发现问题、解决问题的过程中不断体验成就感，使学生对语言学习的兴趣得以激发乃至不断提高。教师只有将"培养学生的核心素养"理念融入自己的教学实践中，营造出师生互动、学生都能有效行动的充满活力的动态课堂，才能丰富"活力课堂"思想。

体现"活力课堂"教学思想，可以从以下几方面着手：

（1）营造小组合作式探究"活力课堂"。自主探究的学习方式是新课标倡导的重要理念，也是"活力课堂"的表现，因此采用小组合作式的探究模式，是实现"活力课堂"的前提。小组合作式探究活动"活力课堂",是为了改变传统教学中满堂灌的机械教学而提出的应该重视学生主体、真正站在学生的角度进行教学的课堂,该课堂既要重视基本知识和基本技能的传授,又要重视知识、技能的形成过程,发展学生的能力。但小组合作并不意味着只是分组完成任务或者小组讨论流于形式的操作,是围绕着教学设计进行的。因此在设置活力小组的时候,应充分考虑教学目的,设计小组活动环节,调动每个学生的参与度与积极性,在活动结束后要总结与评价,这样才是一个完整的过程。

（2）学生发言须有自由度与包容度,这样才能调动学生的"活力",让其参与到课堂活动中,打破"求同",敢于"求异",选择开放的内容,敢于从活动环境中创新,提出开放式的问题,在学生每次发言后给予充分的肯定,并在点评方式上使用多元化的方式,使课堂真正做到走向开放,课堂才能不断地凝聚"活跃"气氛,也才具有了生命的活力。

（3）整合教学资源,增添创造性内容与设置任务,给予学生充分探究的空间与思考的时间。"活力课堂"并不是漫无目的的为了活跃而活起来的课堂,而是源于有如活水般的内容,引发学生思考与探究,在任务参与过程中活起来的课堂。教师应整合课程资源,整合的同时也要开发课程资源,同时在呈现内容的方式上采用"生动形象"的片段,采用"引人入胜"的语音、语调、教学姿态等,以有活力的形象与语言,串联课堂,让学生乐在其中。任务设置的难度也需要考虑层层递进,过难的任务反而让学生"陷入沉默"与不自信。

第二章

"活力课堂"教学模式的设计

第一节 基于"学伴用随"教学理论，整体设计"活力课堂"教学模式

王初明教授在"学伴用随"的核心理念——理解与产出相结合中提出：教学中落实"学伴用随"原则的一个有效举措，是将语言理解与语言产出紧密结合起来。在近十年中，我坚持进行理解与产出相结合的整体教学模式的课题研究，并在课题研究中设计不同课型的"活力课堂"教学模式。《骨干教师课题模写教学模式实验》被评为2006—2007年番禺区优秀课题。《提高高三英语语法课堂教学效率的策略研究》获2007—2009年第14届广州市特约教研员课题教学成果一等奖。2012—2016年广东省十二五规划课题"高中英语模块整体教学范式研究"已结题，我在课题中构建了"以读促写""以写促读"的读写结合教学模式。《高中英语读写教学高效建模研究》被评为2011—2014年番禺区十二五优秀课题。2015—2017年广州市十二五规划课题"基于高中英语文本阅读，提高学生写作能力的实证研究"已顺利结题，基于课题研究，我设计了RSW"读—说—写"读写课和写作课教学模式。

第二节　基于课题研究，构建RSW "读—说—写""活力课堂"教学模式

一、研究背景

1. 本课题立项基本信息

"基于高中英语文本阅读，提高学生写作能力的实证研究"是广州市教育局资助科研项目专项课题——名师专项的课题之一，课题编号为1201442211，立项时间为2015年4月1日，课题主持人是广东番禺中学彭琴老师，课题完成时间是2017年3月。彭琴老师参加了广州市基础教育系统"百千万人才培养工程"第一批"中学名教师"培训项目，已于2017年4月23日培训结业。本课题在两年的实施过程中，得到了广东番禺中学的大力支持，课题指导专家华南师范大学朱晓燕教授、广东省教育研究院黄自成老师、广州市教育研究院陈皓曦老师、番禺区教育局李进成老师、曾艳老师对课题研究进行了科学有效的指导。

2. 本课题研究的意义

作为语言学习中两项重要的语言技能，阅读和写作一直被认为是语言教学的重点。英语写作的基础是英语语言结构知识和语篇知识。英语写作测试主要考查英语产出性技能。《普通高中英语课程标准（实验稿）》规定了不同语言级别学生的阅读和写作能力标准。对阅读和写作的现行研究已经比较深入，但对通过大量阅读材料的输入以达到写作能力的提高方面进行的专门分析研究相对较少，很少有研究分析阅读量与写作提高之间的相关性，以及要进行多少文本的阅读输入才能足以使写作能力有一个质的飞跃，使学生对写作有信心。因此，本课题是"基于高中英语文本阅读，提高学生写作能力的实证研究"，即

将阅读与写作有效结合，以验证"结合阅读进行写作训练能提高写作能力"这一假定的正确与否，并进一步深入研究：什么样的文本阅读适合提高学生的写作能力？高中不同阶段的学生需要多少阅读量才能提高写作能力？高中不同阶段的读写教学模式有什么不同？作为高中学生，在高一、高二、高三分别需要阅读多少英语文本才能提高英语写作能力？根据学习者年龄、动机和个性的差异，在高一、高二、高三阶段分别需要怎样的读写结合教学模式才能提高学生的写作能力也是值得探究的问题。鉴于此，"基于高中英语文本阅读，提高学生写作能力的实证研究"很值得探索。

3. 理论框架及国内外研究现状

在外语学习"学伴用随"原则的理论指导下，运用"学伴用随"高效教学模式所依据的四个高效促学的关键因素，从教学材料和教学步骤两方面建构高中英语"读—说—写"的以读促写教学模式，在教学材料的整合方面主要运用"语境相伴"的核心理念，在教学步骤的设计方面主要运用"理解与产出相结合"的核心理念。

我国的英语读写技能综合教学研究主要开始于20世纪80年代中后期，刘上扶引介了国外的"阅读→讨论→写作综合教学法"，把阅读、讨论、写作贯通了起来，也是把读、听、说、写有机地结合起来。他认为，阅读与写作存在着相互作用、相互促进的关系；课文是练习写作的基础，是作文素材和表达方式的母体和源泉。在语言教学中，阅读与写作可以分立，也可以综合，即使不是"共同进行"（读写综合），也能获得最大的教与学的效果，如果"共同进行"，则能获得更大的教与学的效果。国内外研究普遍聚焦于通过文本阅读提高学生的写作能力的有效性，很少研究以下问题：什么样的文本阅读适合提高学生的写作能力？高中不同阶段的读写教学模式有什么不同？本课题引用"图示理论""思维导图"，细化相关理论，归纳提炼。在关注国家层面英语能力指标的建立和学科核心素养目标的同时，在研究原版文献的基础上提炼出适合中国学生尤其是番禺中学学生的样本。

二、研究问题及重难点、创新点

1. 本项目研究的主要观点

没有足够的输入，就没有足够的输出，阅读的输入可以为写作的输出提供足够的语言支架、篇章模式和背景知识。克拉申的监控理论（Monitor Theory）中的语言输入假说作为"二语习得"的重要理论，正是本课题的立论依据。

2. 本项目研究的主要内容

（1）适合提高学生写作能力的高中英语文本材料。

（2）构建分别适合高一、高二、高三年级的以读促写教学模式。

3. 本研究拟解决的关键问题

（1）什么样的文本阅读适合提高学生的写作能力？

（2）高中不同阶段的读写教学模式有什么不同？

三、研究思路

课题研究是采取质性研究与行动研究相结合的研究方式，采用问卷调查法，通过访谈、课堂观察以及对学生的问卷调查分析，形成对学生阅读和写作现状的准确认识，了解现在的读写教学模式，以便根据学情开展研究。采用文献研究法，通过收集和分析相关的文献资料，了解当前有关英语读写教学的理论、模式和研究成果，形成对本课题有关概念的认识与思考，寻求理论层面的支持，构建理论框架。在构建以读促写教学模式方面采取行动研究法，具体做法是：课题组核心成员集中备课，研讨以读促写的教学方式，互相听课、评课，然后集中交流、点评，反复推敲课型的特点，及时进行课堂效果评估，调整教学模式和研究计划，最后构建出适合高中不同阶段的"以读促写"的教学模式。分别建立高一、高二、高三英语以读促写教学模式构建小组，根据《新课标》的24个话题进行相关的高中英语以读促写教学设计并上课题研讨课，研究组教师（授课教师）从课堂设计、课堂教学过程和学生学习效果三个方面进行教学反思，不断调整并完善以读促写教学模式。在研究过程中，定期通过调查问卷调查学生对以读促写教学模式的接受程度，记录学生的反馈意见，对英语基础良好、一般、薄弱三个层次的学生各3人的写作兴趣和写作能力进行跟踪调查，通过学生习作和考试成绩的对比进行数据分析。听课教师（包括研究组成员）填写课堂评价表，进行文字描述和等级评价，文字描述从学生学习、教师教学和课堂文化方面回答问题；等级评价从教学内容、课堂活动和教学模式的有效度三个方面进行评价，评价等级分为优、良、中、差。分阶段总结高中英语"读—说—写"的以读促写教学模式的有效度，逐步构建较为完善的以读促写教学模式。

四、研究过程

第一阶段：课题研究准备阶段（2015年3月—2015年5月）

（1）讨论研究目标，确定课题题目，撰写开题报告。

（2）成立高一、高二、高三课题组，拟定研究计划。

（3）设计问卷，分析调查。分别记录实验班和对照班实验前的阅读量、写作量、阅读速度、阅读成绩和写作成绩，作为初测数据。

第二阶段：课题研究实施阶段 （2015年6月—2016年10月）

1. 设计"三表"（调查表、观察表、访谈表），并完成本阶段的调查、观察和访谈

（1）调查表（表2-2-1）：高一、高二、高三学生的英语阅读与写作的兴趣调查、基础调查、学习难点调查、写作课模式调查、读写课调查等。

表2-2-1 广州市"十二五"课题"基于高中英语文本阅读，
提高学生写作能力的实证研究"调查表

1. 在英语学习中，你对哪方面最感兴趣？（　　　）		
A. 听说	B. 阅读	C. 写作
2. 你在阅读英语文本时有困难吗？（　　　）		
A. 有	B. 不太有	C. 没有
3. 你在英语写作中有困难吗？（　　　）		
A. 有	B. 不太有	C. 没有
4. 你重视英语阅读吗？（　　　）		
A. 重视	B. 不太重视	C. 不重视

5. 你重视英语写作吗? ( )		
A. 重视	B. 不太重视	C. 不重视
6. 你认为可以通过英语文本阅读提高英语写作能力吗? ( )		
A. 可以	B. 不太可以	C. 不可以
7. 你喜欢在课堂上还是课后进行英语阅读? ( )		
A. 课堂上	B. 课后	C. 课堂和课后相结合
8. 你喜欢在课堂上还是课后进行英语写作? ( )		
A. 课堂上	B. 课后	C. 课堂和课后相结合
9. 你觉得你有能力克服阅读过程中遇到的所有困难。( )		
A. 完全符合	B. 基本符合	C. 基本不符合
10. 你觉得你有能力克服写作过程中遇到的所有困难。( )		
A. 完全符合	B. 基本符合	C. 基本不符合
11. 你认为英语阅读和写作很重要,所以你努力学。( )		
A. 完全符合	B. 基本符合	C. 基本不符合
12. 你会在课外阅读英语文章以便提高写作能力。( )		
A. 完全符合	B. 基本符合	C. 基本不符合
13. 你觉得自己能掌握老师讲的阅读和写作的方法和策略。( )		
A. 完全符合	B. 基本符合	C. 基本不符合
14. 遇到阅读埋解和写作困难时你会及时找老师解决。( )		
A. 完全符合	B. 基本符合	C. 基本不符合
15. 你觉得上英语阅读写作课是享受。( )		
A. 完全符合	B. 基本符合	C. 基本不符合
16. 你对英语写作有信心,因为老师会指导你。( )		
A. 完全符合	B. 基本符合	C. 基本不符合
17. 你喜欢老师教给你们的读写课模式。( )		
A. 完全符合	B. 基本符合	C. 基本不符合
18. 你平时阅读的材料主要来源于: ( )		
A. 课本	B. 学校所发的参考书	C. 参考书、英语杂志、英语报纸
19. 你对英语作文的感觉是什么? ( )		
A. 小菜一碟	B. 可以写几句	C. 比较难,无从下笔

续 表

20. 你对待英语作文的态度是什么？（　　　）

A. 都会认真做

B. 基本上认真做，偶尔也会应付一下

C. 基本上是应付一下或者直接抄别人的

21. 你平时会关注一些好词、好句、好段吗？（　　　）

A. 会读一下　　　　　　B. 会摘录出来　　　　　　C. 会背一些

22. 考试成绩60%取决于英语阅读能力，你对这句话的定位是：（　　　）

A. 认同，阅读能力最为重要

B. 有一定道理，阅读会在一定程度上影响写作等学习能力

C. 不认同

23. 你在英语阅读中是否也掌握了一些英语写作技巧并在写作中加以运用？（　　　）

A. 掌握了一些写作技巧，并能加以运用

B. 知道存在写作技巧，但无法在写作中运用

C. 对文章中的写作技巧完全不在意

24. 你觉得英语阅读的训练对提高英语写作能力的好处有：（　　　）

A. 写作素材的积累　　　B. 语法的巩固　　　　　C. 写作技巧的学习和增强语感

25. 如果你在英语阅读后想进行英语写作训练，通常采用的形式：（　　　）

A. 摘抄好词、好句、好段

B. 日记、随笔

C. 照着写一篇类似的文章

26. 你会有意识地把英语阅读和英语写作结合起来进行训练吗？（　　　）

A. 从来都是这样训练　　　B. 偶尔会　　　　　　C. 极少会

27. 你觉得自己的总体英语水平：（　　　）

A. 优秀　　　　　　B. 较好　　　　　　C. 一般，不突出

28. 你认为写作能力欠缺的主要方面是：（　　　）

A. 词汇句型　　　　　　B. 语法运用　　　　　　C. 语篇结构安排

29. 你最近一次英语考试的作文分数是：（　　　）

A. 21～25　　　　　　B. 16～20　　　　　　C. 11～15或10分以下

30. 你感兴趣的英语阅读材料是：（　　　）

A. 故事类型题材　　　　B. 人物传记　　　　　C. 科普类型题材

31. 你希望老师每堂布置阅读课所用的时间为（　　　）。

A. 少于30%　　　　　　B. 30%～50%　　　　　C. 50%～70%或70%以上

续 表

32. 你在进行英语阅读时的主要问题是：（　　　）
A. 词汇量不足　　　　　B. 语法阻碍阅读　　　　　C. 阅读材料不适合自己
33. 英语阅读后，下列内容给你印象最深刻的是：（　　　）
A. 若干词汇语法　　　　B. 学习技巧和方法　　　　C. 文章内容和文化背景知识
34. 通过阅读，你希望收益最大的是：（　　　）
A. 弄懂语法，句型（解释词义） B. 拓展知识 C. 掌握写作方法和策略
35. 你有一定量的自主英文阅读吗？（　　　）
A. 基本上每天都有　　　B. 偶尔会有　　　　　　C. 从来没有
36. 你每天的英语阅读量达到多少字？（　　　）
A. 1000字以上 B. 500字左右 C. 除了有阅读任务的时候，基本没有读过
37. 在英语阅读学习过程中，你最注重的是：（　　　）
A. 训练阅读速度　　　　B. 获取信息　　　　　　C. 提高整体阅读的理解能力
38. 你对阅读过的材料的处理态度是：（　　　）
A. 读过就行，反正考试不会考到 B. 对于好的文章反复阅读理解 C. 会从好的文章中获取信息，积累好词、好句
39. 你认为阅读与写作之间的关系是什么样的？（　　　）
A. 非常紧密，阅读能促进写作 B. 阅读与写作属于不同的范畴，相互之间关系不大 C. 阅读属于语言输入的方式之一，写作是语言输出的方式之一，如果没有阅读的积累，写作水平将难以提高
40. 你为什么用英语写文章？（　　　）
A. 因为对英语感兴趣，所以对英语写作感兴趣 B. 因为要通过考试，没有办法才硬着头皮去完成英语作文 C. 提高用英文与外国笔友沟通的能力
41. 你在英语阅读中遇到的最大障碍是：（　　　）
A. 生词很多，造成理解上的困难 B. 遇到长句和特殊句，往往搞不清句子的结构 C. 读不懂言外之意

续 表

42. 你认为英语阅读的训练对提高英语写作能力的好处有：（   ）
A. 拓展词汇，积累写作素材 B. 培养语感 C. 写作技巧、良好的篇章结构意识的来源
43. 你认为改进同学们的写作可以通过哪些方法？（   ）
A. 更多阅读，并能下意识地积累一些相关词汇和句型 B. 反复修改，提升作文的层次 C. 学会通过更多阅读来提高语言功底

（2）观察表（表2-2-2）：设计高中英语"以读促写"课堂模式课堂观察表，含课堂评价表。

要求：课题组成员须参加组内该模式的公开课，并填写课堂观察表，授课者须完成该表。

表2-2-2 广州市"十二五"课题"基于高中英语文本阅读，
提高学生写作能力的实证研究"课堂观察表

课题：	话题：	时间：	授课者：	班级：	观察者：
学生学习					
（1）准备：（学生清楚这节课的学习目标吗？）					
（2）倾听（眼神）					
（3）互动（师生互动、生生互动）					
（4）自主（学生能否运用阅读的语篇知识进行写作？）					
（5）目标达成（学生写作质量）					

课题:	话题:	时间:	授课者:	班级:	观察者:

教师教学

（1）教学环节（教学环节是否围绕教学目标展开？是否面向全体学生？不同环节时间分配是否合理？）
_____

（2）教学资料（教学资料整合是否有效？教学材料难度是否适合该年级学生？阅读语篇是否能为写作提供足够的语言支架？）
_____

（3）课堂提问（阅读前后设计的问题是否合理？写作前后设计的问题是否有层次？课堂中教师的展示性问题和参考性问题的数量及所占比例。教师的课堂提问次数和覆盖面。）

不同类型的答题方式以及其所占的比例：①指定学生回答；②学生集体回答；③学生自愿回答；④教师自己回答
_____

提问技巧：①self-explaining，②prompting（提示），③Probing（追问），④ Redirecting（重新分配），⑤repetition。提出问题和学生回答之间的时间间隔足够吗？教师采取什么积极反馈？如何引导学生自我修正错误？
_____

课堂文化

（1）合作（学生的合作程度怎样？）
_____

（2）民主（课堂气氛怎样？师生关系如何？）
_____

（3）创新（学生课堂表现是否有创新点？）
_____

（4）关爱（课堂能否体现师生、生生间的互相关爱？）
_____

（5）特质（这节课的显著文化特征）
_____

（3）访谈表（表2-2-3）：每次读写课后对实验班的9名学生进行访谈（写作成绩上、中、下学生的各3名），这9名学生作为研究的个案。访谈包括文字资料和音频资料。

表2-2-3　广州市"十二五"课题"基于高中英语文本阅读，提高学生写作能力的实证研究"访谈表

访谈时间：＿＿＿＿＿＿＿　访谈地点：＿＿＿＿＿＿＿
访谈写作话题：＿＿＿＿＿　访谈写作类型：＿＿＿＿＿
访谈参与人员：＿＿＿＿＿＿＿＿＿＿＿＿＿＿＿＿＿
访谈要求：请根据如下访谈问题如实填写。

有关材料选择

（1）你对所阅读的材料感兴趣吗？
＿＿＿＿＿＿＿＿＿＿＿＿＿＿＿＿＿＿＿＿＿＿＿＿＿＿＿

（2）你觉得是否能够从阅读材料中找到与该话题写作相关的短语和句型？
＿＿＿＿＿＿＿＿＿＿＿＿＿＿＿＿＿＿＿＿＿＿＿＿＿＿＿

（3）你有从阅读篇章中积累写作词汇和句型的习惯吗？
＿＿＿＿＿＿＿＿＿＿＿＿＿＿＿＿＿＿＿＿＿＿＿＿＿＿＿

（4）写作中你遇到的最大阻碍是什么？单词、短语、构句还是篇章的组织？可以用数字比例说明。
＿＿＿＿＿＿＿＿＿＿＿＿＿＿＿＿＿＿＿＿＿＿＿＿＿＿＿

（5）你认为什么样的话题容易引发你的共鸣，激发你的写作热情？
＿＿＿＿＿＿＿＿＿＿＿＿＿＿＿＿＿＿＿＿＿＿＿＿＿＿＿

（6）请谈谈你对通过阅读促进写作的感受。
＿＿＿＿＿＿＿＿＿＿＿＿＿＿＿＿＿＿＿＿＿＿＿＿＿＿＿

有关课堂活动设计

（1）你的老师在引出一个话题的时候最常使用的方式是？
＿＿＿＿＿＿＿＿＿＿＿＿＿＿＿＿＿＿＿＿＿＿＿＿＿＿＿

（2）你认为在导入环节中，什么样的方式最能引起你的注意，从而让你的思维更集中和活跃？
＿＿＿＿＿＿＿＿＿＿＿＿＿＿＿＿＿＿＿＿＿＿＿＿＿＿＿

（3）在寻找与话题相关的词组和句型时，你觉得需要老师讲解、点评其用法吗？

（4）小组合作环节中你的参与度高吗？

（5）老师如果专门在一节课中强调某种句型或者某种模板的运用，你会不会潜意识过度使用该句型？

（6）写作是一种有规律可循的社交活动，具有一定的实用性，对此你怎么看？

（7）在提供优秀范文后，你会 A：拜读后收藏 B：摘录你觉得值得效仿的地方 C：太高大上，我用不上，放一边

（8）你认可老师的这种课堂组织方式吗？

写作的评价和修改

（1）你认为同学之间互换写作样本后相互批改和矫正，对你的帮助大吗？

（2）在互评作文环节中，老师有否给出明确的评价标准？

（3）作文被互改后你有及时订正并重写的习惯吗？

（4）你如何看待作文的书写规范和美观？

2. 构建高一、高二、高三以读促写教学模式

（1）模式设计要求

根据高一、高二、高三学生不同的心理特点、对文本的不同敏感程度和语言、

思维表达方面的困难，词汇难度分别不能超过六级、七级和八级词汇要求。

（2）模式设计的内容及切入点（阅读与写作的共同点）要求

切入点：高一，词汇；高二，段落；高三，语篇。

阅读语篇资源：选自人教版、北师大版等教材。

（3）以读促写模式基本流程

头脑风暴—阅读语篇—口语活动—段落/语篇写作—写作评价。

阅读后的活动可原创，也可以参照第一阶段的课堂经典活动。

RSW"读—说—写"的高中英语以读促写教学模式的构建是否有效需要通过课堂观察评价表去评价和调整，高中英语以读促写教学模式的课堂观察评价表如下（表2-2-4）：

表2-2-4 高中英语以读促写教学模式的课堂观察评价表

授课时间： 写作内容：		授课地点： 写作话题：	授课教师： 听课教师：		授课班级： 评分：
教学内容					
评价等级（5、4、3、2分别为优、良、中、差）				课堂评价内容	
5	4	3	2	1.教学语言材料的整合具有创造性	
5	4	3	2	2.教学内容及课堂容量符合学生的认知水平	
5	4	3	2	3.阅读输入内容是可理解的，能为写作提供支架	
5	4	3	2	4.阅读语篇与写作内容有共同的语言特征	
5	4	3	2	5.阅读任务和写作任务的设计适合以读促写	
总分及建议					
课堂活动					
评价等级（5、4、3、2分别为优、良、中、差）				课堂评价内容	
5	4	3	2	1.教学活动之间的过渡与衔接合理自然	
5	4	3	2	2.课堂中有有效的师生互动和生生互动	
5	4	3	2	3.创设合作学习与探究学习的语用机会	
5	4	3	2	4.阅读后的活动设计能激发学生的写作兴趣	
5	4	3	2	5.阅读后的活动设计能为写作搭建语言支架	
5	4	3	2	6.学生积极参与口语活动	

课堂活动				
评价等级（5、4、3、2分别为优、良、中、差）				课堂评价内容
5	4	3	2	7.教师提问有层次、有针对性
5	4	3	2	8.学生回答问题清晰、有条理
5	4	3	2	9.写作活动方式多样
5	4	3	2	10.写作评价活动有效
				总分及建议
教学模式				
评价等级（5、4、3、2分别为优、良、中、差）				课堂评价内容
5	4	3	2	1.教学内容设计能以读促写
5	4	3	2	2.教学活动设计能以读促写
5	4	3	2	3.教学模式能激发学生的写作兴趣
5	4	3	2	4.教学模式能培养学生的合作探究能力
5	4	3	2	5.教学模式能提高学生的写作能力
				总分及建议

3.本阶段研究人员安排

高一RSW（读—说—写）教学模式研究：温海芬、吴茜、叶传敏、吴焕钗

高二RSW（读—说—写）教学模式研究：凌顺生、吴艳、卢银崧、李彩云

高三RSW（读—说—写）教学模式研究：黄丽、周红、陈锐英

摄像、光盘刻录、数据分析、网上资料上传：钟劲松

文献研究、测试设计、数据分析：温海芬、吴艳

设计调查表：叶传敏、凌顺生

设计观察表：熊帷宇、陈锐英

设计访谈表：周红、李彩云

第三阶段：课题研究推广阶段（2016年11月—2017年3月）

收集实验数据并进行反复验证和量化比较以及结题鉴定。在全区乃至全市范围内展示公开课、研讨课，征求意见并修正、推广。写出课题结题报告，展

示课题研究成果。

五、研究结论

1. 该项研究的目的和意义

长期以来，写作课无论对于教师还是学生都是一大难题，写作教学一直是英语教学中最薄弱的环节。在单元教学中，教师通常把教材中的阅读材料当作学习该单元词汇和语法的载体，认为只要完成了阅读教学就完成了某个单元的教学，忽视语言输出，不愿意进行写作教学，或者按照高考项目类型进行写作专项备考，与本单元的主题缺乏关联，从而产生学习输入和学习生成的偏差，造成写作课低效、学生更加畏惧写作的现象。阅读与写作作为英语听、说、读、写四项基本语言技能的两大技能，可以在英语教学中进行有机整合。因此如何建构高中英语以读促写的读写教学模式，从而提高学生的写作能力值得探究。本研究旨在通过制定读写课教学目标，整合读写教学材料，设计以读促写的教学程序、教学方法、教学管理、教学评估等环节，优化高中英语写作教学，提高写作教学和学习效率，从而提高学生的写作能力。

2. 研究成果的主要内容

（1）课题组成员公开发表论文共8篇，其中主持人独立完成论文1篇，其中论文获奖10人次。

（2）分别构建高一、高二、高三以读促写教学模式。课题组现已构建"读—说—写"高中英语以读促写教学模式，教学模式的具体操作根据高一、高二、高三的教学内容做微调，开展了17节"读—说—写"高中英语以读促写教学模式研讨课，其中5节区级公开课、10个课例获奖、6个区级讲座、7个市级讲座。

（3）撰写课题研究教学案例集。课题研究组现已整理17个"高中英语以读促写教学模式"教学案例，涵盖高考24个话题和写作各大类别，准备出版。

3. 研究成果的重点观点

（1）课题研究在运用先进的教学理论构建RSW"读—说—写"高中英语以读促写教学模式方面取得突破性成果

在课题研究中发现，"学伴用随"教学原则、主述位理论、建构主义理论、"支架教学法"等理论可以充分指导RSW"读—说—写"高中英语以读促写教学模式的构建。在教学模式的整体设计方面根据"学伴用随"教学原则，将语言输入和输出有机结合。在教学过程设计方面运用"支架教学法"，以文本阅读作为语言输入的媒介，帮助学生一步一步搭建语言表达的支架，通过阅读文本、分析文本来获取对文本特征和功能的认知以及对语言素材的积累，再通过说和写两种主要的渠道进行输出。在教学模式的建模方面充分运用建构主义理论，在学生习作的提升方面运用主述位理论。理论研究成果如下。

2016年，课题研究组成员钟劲松的"用主述位理论提升高三写作"公开课深受广州市和番禺区英语教研员的好评，该教学案例获广州市教学案例二等奖。黄丽的论文《"主位推进模式"与高中英语写作的连贯性》获广州市"2016届高三英语教师有效教学成果征集及评选"一等奖，并在广州市高二英语教研活动中心发言——"'主位推进模式'与英语写作连贯性"，在番禺区高一英语教研活动中心发言——"功能语法学理论在写作中运用和实践延伸"。2017年，周红撰写的论文《从学生习作谈得体性原则对高中英语书信写作的启示》发表在优秀教育期刊《校园英语》（ISSN 1009-6462，CN 13-1298/G4）。2017年3月，温海芬的《认知视角下主述位结构在高中英语"以读促写"教学模式初探》发表在《教育现代化》（ISSN 2095-8420，CN 11-9354/G4）。2017年4月，凌顺生的论文《运用支架理论，探索高中英语以读促写的有效教学模式》发表在广东教育杂志社的《师道·教研》（ISSN 1672-2655，CN 44-1299/G4）2017年第4期上。课题主持人彭琴撰写了论文《学伴用随原则在高中英语以读促写教学模式构建中的应用》，获2017年广州市中学英语教研会论文评比三等奖，2018年1月发表在期刊《基础外语教学》双月刊第20卷上，并在第30届番禺区教育学会论文评比中获二等奖。

（2）基于话题整合教材，探究语言结构，优化读写教学

课题研究的教学材料以人教版的教材为主，以北师大版和外研社版的教材为辅，将三套教材中涉及同一话题的课文整合到一起，从中去发现共同点，根据课本阅读材料改编辅助写作的阅读文本，参考性高，实用性强，为写作微技能的训练提供了很好的范本作用。通过阅读、发现、总结等方法找出帮助写作的内容、结构和句型，让学生将这些文段中涉及某种关系的句子找出来，并

发现这些句子分别使用了什么语言结构来表达这种关系，最终将这些结构运用到写作当中，真正达到以读促写的目的。同时，在写作材料的选择上，结合话题，号召大家从自己做起，发现身边一些跟话题有关的生活细节，去设计写作。由于研究集中讨论的问题恰是学生在学习过程中遇到的问题，所以能够较好地调动学生对课题的兴趣。而文本阅读的输入和分析，帮助学生对问题以及解决问题的方法有了更清晰的认识，同时也为后面的写作积累了很好的语言素材，能够让学生有话可写、有话能写，减少写作的焦虑和体验成功输出的成就感。教学材料的选择是一个创新，研究组成员对阅读材料的研究取得了如下成果。

2015年课题研究的第一批研讨课初见成效，主持人彭琴的课题研讨课"Travelling abroad"在番禺区"一师一优课，一课一名师"活动中被评为"精品课"。课题组成员黄丽的"问题解决型文体写作"获番禺区"研学后教"赛课复赛一等奖。吴焕钗的论文《基于话题的以读促写教学模式探究》（CN 12-1319/G，ISSN 1009-8852）发表在《英语教师》2016年第18期。吴焕钗在2016年4月20日上了一节番禺区的公开课"第三册第五单元复习课——地点描写"，教学案例《基于话题的有效词汇教学（人物描写词汇复习）》在2015年广州市高三英语有效教学案例评选活动中获三等奖，论文《以话题为中心的有效词汇复习策略——以人物描写词汇为例》获番禺区教育学会论文评比三等奖。2015年，由曾艳老师主持、彭琴参与研究的课题"基于话题开展高三英语词汇与写作复习的行动研究"获广州市番禺区"十二五"教育科研成果奖一等奖。课题主持人彭琴分别在广州市高二和高一英语学科教研活动中作"基于话题整合教材，优化高中英语读写教学"的中心发言，推广课题研究在教材整合方面的成果。

（3）创设口语活动，突破了教学难点，构建"活力课堂"

在写作模式的构建中坚持让学生"想写""可写""能写"的原则，选择和发展与学生实际生活经验密切相关的主题内容，激发学生兴趣。挖掘提高学生写作动机的主题内容，让学生有内容"想写"，选择和发展可能促使学生运用各种语言、文化知识的主题内容，挑战写作思维能力，让学生有内容"可写"。通过有针对性地为每一种文体写作量身定制半开放式的课堂互动式口语活动，既为阅读提供语言的第一次输出，又为下一步的写作提供第二次语言输入，通过学生之间的协作学习和集体探究，突破语言表达难点，搭建写作内容层面支架，从而达成写作目标。课题研究根据本校学生特点创设了"1分钟演讲""10分钟英语辩论""热点讨论""形象大使"等口语活动，再通过文本生成的写作活动进一步强化和巩固所学语言知识和技能，实现知识技能的迁移。例如在"节日类"的写作课中，阅读教学主体——元宵节，规划了节日描写的教学目标，让学生在阅读中发现节日描写的特点，使学生在写作中可以借鉴和运用学过的篇章结构和词汇语法知识。在语法结构的强化训练中，教师利用图片让学生口头输出了另外一个节日——圣诞节，为后面的写作内容——感恩节做了足够的铺垫。学生可以把阅读教学中学习的词汇语法和篇章结构知识点，运用到写作任务中，起到巩固和内化语言知识、发展目标语运用能力的效果。

"说"是课题组研究的重要突破，课题研究组成员在口语活动方面做了以下研究。

2015年8月，彭琴的论文《写作准备阶段运用口语活动搭建语言支架的教学实践》发表在《学生双语报·教师版》（CN 62-0701/F）。课题主持人彭琴在课题研究过程中参加了广州市第一批"百千万人才培养工程"中学名教师的培训，在培训中结合课题研究，凝练"活力课堂"的教学思想，并以RSW"读—说—写"高中英语以读促写教学模式作为"活力写作课堂"的典型教学案例，多次推广研究成果。课题主持人彭琴2016年10月在华南师范大学参加广州市第一批"百千万人才培养工程"中学名教师教学思想高峰论坛，展示了"活力课堂"的教学思想；2016年11月在番禺区高二英语学科教研活动中作"构建'活力课堂'，培养学科素养"的核心发言；2016年12月在华南师范大学为广州市第二批"百千万人才培养工程"中学名教师培养项目进行"活力课堂"教学思想展示。

（4）RSW"读—说—写"高中英语以读促写教学模式能有效地提高学生的写作能力

课题研究是采取质性研究与行动研究相结合的研究方式，分别建立高一、高二、高三英语以读促写教学模式构建小组。在教学案例的课堂观察质性描述中，听课教师如此评价：教学内容贴近学生生活，来源于真实语境，让学生有话可写、有情可表，教学材料的整合具有创造性，阅读材料适合学生的认知水平，与写作的语篇具有共同特征。读、说、写三个环节环环相扣，每一环节都练习到位，师生之间、生生之间互动积极，有效地产生和碰撞出思想火花。活动方式多样，学生积极参与小组合作形式的口语活动，敢于用刚学过的语言结构和话题词汇表达自己的观点，课堂习作很好地体现了该教学模式的教学成果。课题研究组成员人人参与课题研讨课，并积极撰写论文，探索RSW"读—说—写"的高中英语以读促写教学模式对提高学生写作能力的促进作用。成果如下。

2016年，课题组成员凌顺生的课题研究课"Writing"在教育部2015—2016年度"一师一优课，一课一名师"活动中被评为部级优课，2016年9月，凌顺生的论文《基于高中英语文本阅读，提高学生写作能力》发表于广东教育杂志社《师道·教研》（ISSN 1672-2655，CN 44-1299/G4）。陈锐英于2015年5月21日执教番禺区写作公开课"Writing—opinion essays"，其撰写的论文《以读促写教学模式在高中英语写作课堂的运用》发表在《英语教师》（CN 12-1319/G，ISSN 1009-8852）。叶传敏的公开课"Using language II"被评为广州市市级优课，撰写的论文《读写结合，一举两得——高中英语以读促写教学模式初探》发表于《学校教育研究》（ISSN 1673-0348）2016年第5期（下），并获得了2016年广州市中学英语教研会英语论文三等奖。课题研究促进了研究组成员所教班写作成绩和教学成绩的提高。彭琴、叶传敏等课题组成员在课题研究期间获学校教学质量优胜奖；彭琴、凌顺生、吴焕钗、黄丽、陈锐英、周红、钟劲松在课题研究期间获"广州市英语学科高考突出贡献奖"。

（5）教学内容的整合极具学术价值

读和写是学习英语的两项重要能力，读写结合，以读促写，以写促读，相辅相成，使得学生对英语的词句、文章、结构熟练掌握，达到读写双收的效果，把这两项能力结合起来训练，相辅相成，一举两得，效果显著。时代在变，教材在变，但是话题永恒，所以以话题为中心，可以适应时代的变化，永不过时。RSW"读—说—写"的高中英语以读促写教学模式的教学案例涵盖考纲的24个话题，各类典型的写作类型，可使用不同版本教材，对不同区域的高中英语进行教学，初步探索出一条结合课内外阅读资源，有效整合作文教学的途径。在开题之初，了解到学生们在英语方面的阅读多止步于书本及其练习，普遍缺乏从阅读中积累词汇和句式后迁移到写作中的意识。随着课题实验的开展，我们不断加大阅读的输入量，让学生在理解阅读材料的不同观点和作者的写作态度、欣赏其文学性特点之外，还注重分析其句式结构，从而拓展学生思维，给学生提供可供效仿的各种元素，进而切实提高学生的写作水平。

（6）教学方式和学习方式的研究让成果具有广阔的应用前景

对于教师而言，通过一个清晰可操作的流程化的实践研究过程，可以发现众多不同话题、不同体裁的写作教学中一些共性的东西，即可以通过典型文本的阅读输入和分析，发现该文本类型中一些可以迁移的知识和技能，通过搭支架的方式将隐形的规律显性化地展示出来。而且这种研究的模式可以进一步拓展到语法、词汇、阅读等方面。对于学生而言，在文本阅读输入的基础上，通过教师的引导研究文本的特征和习得可迁移的知识和技能，可以帮助他们生成迁移应用的能力，克服写作的恐惧，增强写作的信心和成就感，更让他们深刻体会到通过语言输入和语言输出的紧密结合，可以最大限度地提高英语学习的学习效率。

（7）研究反思及后续研究展望

研究过程还存在以下不足：RSW"读—说—写"的高中英语以读促写教学模式建模中，"说"的口语活动的形式不够丰富，教材整合的难度较大。个别话题的写作类型重点不突出或者写作特点不明显，个别话题的语篇难以在其他版本教材中找到合适的参考性强的文本为模板。以读促写的材料有时为了符合写作的要求被教师改编了，与原汁原味的文章在用词、句法等方面有一些差别，教师在选材时要尽量保留原著，不能为了写作而阅读。课题研究主要通过课堂观察、问卷调查、访谈等方式进行质性研究，数据主要体现在学生成绩的比较方面，阅读和写作方面取得的成绩到底如何量化到能力的提高方面还需细化，实证研究的效度还需提高。

经过一年多的课题研究，"学伴用随"的教学原则有效地指导了"读—说—写"以读促写教学模式的构建。在上述三个教学案例的课堂观察质性描述中的建议部分，听课教师提出：以读促写教学模式不必局限在一节课完成，对于英语基础薄弱的学生，可以把写作部分作为当天的课后作业布置，在一天内完成语言的输入和语言的产出。在高中英语以读促写教学模式的研究初期，我们曾经质疑在写作前设计口语活动是否会让课堂容量太大，从而没时间写作文。在研究中期，我们发现口语活动如果能切实解决写作难点的运用，为下一步的写作搭建好了语言支架，学生写作所用时间比平常节省了至少三分之一，写作水到渠成。通过对学生的调查和访谈发现，学生对该教学模式的接受程度逐步提高，对写作的兴趣日益增强。通过对上、中、下三个层次的学生的跟踪调查发现，基础好的学生不再堆砌好词、好句，写作的行文逻辑和篇章意识有所加强，学会了在课外运用以读促写的模式进行自主写作训练；基础一般的学生，其话题语言运用能力显著加强；基础薄弱的学生最显著的变化是不像以前那样害怕写作文了。三类学生都特别喜欢阅读与写作之间的口语活动环节。课题组15名研究成员在"学伴用随"外语教学原则的指导下，积极建构以读促写教学模式，共同设计了24个话题的以读促写教学案例，教学设计的水平有了较大的提高，教育教学理论和教学实践能力也不断加强，大部分研究成员所教班的写作成绩有明显的进步。

六、高中英语RSW"读—说—写"以读促写教学模式

高中英语写作课无论对于教师还是学生都是一大难题。笔者从2015年4月开始进行广州市教育科学"十二五"规划2014年度课题"基于高中英语文本阅读，提高学生写作能力的实证研究"的研究。课题组在研究过程中发现，可以使用"学伴用随"核心理念指导教师制定读写课教学目标，整合读写教学材料，设计以读促写的教学步骤，优化高中英语写作教学，提高写作教学和学习效率。下面阐述如何根据"学伴用随"原则，建构高中英语"读—说—写"的以读促写教学模式。

1. 语境相伴，基于主题整合以读促写的教学材料

阅读和写作都是建立在语篇的基础上，呈现篇章的共性，如主题、词汇、语言结构和篇章结构等，阅读提供的语境能促进语言的理解，写作提供的语境能启动语言的使用。因此教师在选择阅读语篇方面应该遵循"学伴用随"的教学原则，考虑影响学习的关键变量：语境相伴，选择能让学生在阅读后进行语

言探究的语篇,创造学生探究语言所需要的语境,为说和写提供正确的语境和语言输入。在教学材料整合中我们发现,教材中的某些阅读材料不适合用作写作输入的阅读语篇,因此需要对教材内容进行取舍。程晓堂、孙晓慧指出,在补充教学内容时,要使教材更加符合学生的需要,使教学内容更加贴近学生的实际生活,增强教学内容的趣味性。现以人教版选修2第5单元"Music"的写作课教学材料整合为例,说明如何根据主题整合以读促写的教学材料。

(1)根据主题和语言结构整合"读"和"写"的教学材料,以读促写

笔者在整合这节以读促写课的教学材料时,选用外研社版Module 1 My first day at Senior High中 "Club activities" 的阅读语篇和2013年广州市水平测试作文"Music in my life"整合成一节写作课的教学材料。从主题角度来看,社团活动和音乐都是学生丰富课外生活的重要内容,贴近学生生活,能激发学生的阅读兴趣和写作兴趣,这是教学明线设计,而教学暗线设计是从语言结构角度进行的。为体现该阅读与写作的相关性,笔者只选用教材四个问题中的两个阅读问题,其中,问题What are the school clubs? 对应写作的第一个要点 "在你心目中,音乐是什么?"问题Why are the club activities important ? 对应写作的第二个要点"请举例说明音乐在你生活和学习中的作用"。写作内容如下(选自2013年广州市水平测试的作文):

你校的英语校刊举办征文活动,主题是"Music in my life"。请用英文写一篇短文投稿,以下是短文的内容要点:

Music in my life

第一,在你心目中,音乐是什么?

第二,请举例说明音乐在你生活和学习中的作用。

写作要求:

文章需包含以上两项内容要点,可适当增加要点;字数约120词。

(2)根据语言结构的探究整合"读"的教学内容,以读促说

阅读语篇的第二段有明显的主题句和扩展句,阅读任务是要求学生找出该段的主题句和扩展句。第一句Many students feel that club activities are the most enjoyable part of Senior High School life是该段的主题句,扩展句是 When we asked students in our school the question:"What interests you most in daily life?"

These were their answers: Classes: 28%; Teachers 24%; Club activities 38% and others 10%.扩展句使用一组问答和数据来说明社团活动是学生高中生活中最开心的部分，很具说服力。选择这段内容，旨在让学生通过阅读探究解释、举例、列出数据的论证方式，论证自己的观点，归纳出See structure：Statement-Explanation-Example，为下一步"说"的口语活动做好论证思维的铺垫。

（3）根据写作的主题和类型整合"说"的教学内容，以说促写

口语活动能提供真实的语境，启动语言的使用。"说"与"写"的语篇内容和类型相关性是设计口语活动的依据。写作的内容是一篇发表看法的短文投稿，设计口语活动的形式是1分钟演讲，根据写作的主题"Music in my life"的相关性，设计演讲的主题是：Music is very important。在这篇演讲中，主题即主题句，内容即扩展句，旨在提供真实的语境，引导学生尝试运用See structure：Statement-Explanation-Example。首先让学生在四人小组讨论中说出自己的观点，选择最有说服力的观点，共同完成1分钟演讲提纲，最后由部分小组在全班进行1分钟演讲展示。不同小组间的观点可进行互补，强化解释和举例为观点服务的重要性。例如学生在课堂习作中用到了描述的方法，用举例的方式支撑观点： In my opinion, music is something important without which our life wouldn't be as colorful as now. For example, music can make me feel relaxed when I suffer from the test anxiety. Music is also a helper to me. I can learn some English words from English songs.

2. 理解与产出相结合，基于语言结构首先以读促说，然后以说促写

国外学者Swain指出，成功的二语习得者既需要接触大量的可理解输入，又要具备可理解输出的能力。语言理解与语言输出需要紧密结合，但高中生在学习任务繁重、班级人数众多的条件下，要想在写作课中实现语言理解与语言输出的紧密结合，是一个很大的挑战。"学伴用随"原则的核心理念的第一个应用，从体现理解与产出结合的角度看，语言技能练习可从两个方面相结合：①听与说或写结合；②读与说或写结合。中国学生作为英语学习者，缺乏听的语言环境，读与说或写结合的课堂教学模式更适合他们。学生紧跟阅读后进行说，紧跟说后进行写，促使语言产出与理解互动，在语言产出与理解的互动协同过程中学会语言。而且，说作为重要的语言输出形式，能为语言输入提供第一次的语言输出目标，说的活动能活跃课堂气氛，与写作相比较，对语言的要求较

低，可以让学生的焦虑程度减小，激发学生参与课堂的热情，同时为写作进行二次语言输入做铺垫。教师设计课堂教学读、说、写的教学活动，真正做到以读促说、以说促写，让学生乐于写、写得好，是建构以读促写教学模式的重要环节。

现以人教版选修7第5单元"Travelling abroad"写作课的教学步骤为例，阐述如何结合理解与产出。基于语言结构首先以读促说，然后以说促写。

（1）读

第一步是"读"，首先阅读语篇，探究"正反类"写作的文章结构。考虑到教材中没提供"正反类"写作的模板，本节课使用的阅读语篇选自英国写作教材*Successful Writing*中的 Unit 10 "For and Against" Essays 中的阅读语篇：*The advantages and disadvantages of living in a foreign country*。该阅读篇章的结构如图2-2-1：

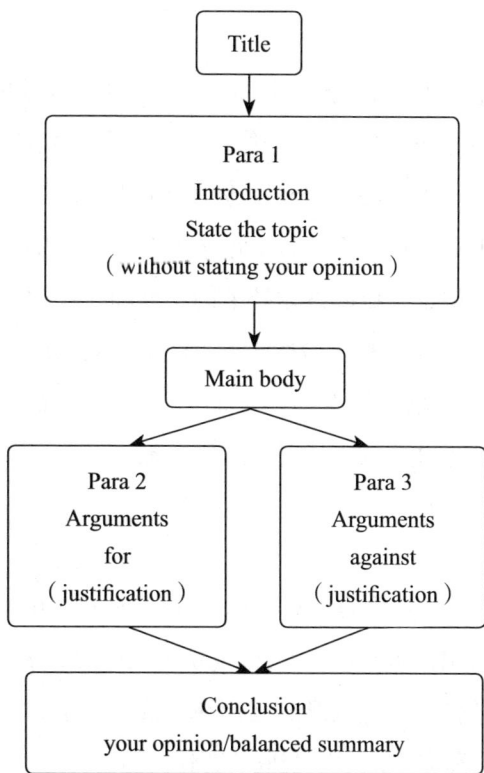

图2-2-1　*The advantages and disadvantages of living in a foreign country*篇章结构分析

再阅读第二段和第三段，找出观点和论据，探究观点的论证手段方式有阐述观点、理由、举例等（表2-2-5），为下一步的口语活动搭建了语言支架。

表2-2-5　观点论证方式探究表

Argument	Justification	Methods of Giving justification
One of the main advantages of living in a foreign country is that it gives you the opportunity to experience an entirely different way of life	which can be a valuable form of education	Stating a result
One the other hand, even if you try your hardest to adapt to your new surroundings it is likely that you will often experience moments of isolation, frustration and loneliness	This can be caused by communication problems, especially if you cannot speak the language yet	Stating a reason

（2）说

第二步是"说"。开展10分钟辩论的口语活动，辩论的主题是：Are you for or against "studying abroad"，在辩论中，学生可以通过阐述理由或结果的方式论证自己的观点。全班分成正方和反方两个大组进行辩论，每人只有一次发言机会，双方各派出一名代表在黑板上记录本组辩论的要点，要求使用这些要点总结陈词。10分钟辩论赛掀起课堂环节的小高潮。让学生在熟悉的语境下进行口语互动，可以引起学生的共鸣和思考，产生协同效应，为下一步的写作搭建了语言支架。忽视"输入"在写作中的示范作用也是写作课低效的主要原因。运用口语活动进行继阅读之后的二次语言输入，可以降低写作的难度，为下一步的写作内容做示范。

（3）写

第三步是"写"。写作内容选择该单元Pre-reading中的第一个任务What are the advantages and disadvantages of studying in a foreign country? 要求学生写一篇"正反"观点的完整作文。建议学生运用在"读"中学到的"正反"类写作的篇章结构、论证观点和在"说"中获取的写作内容。

朱晓燕指出，教师严重忽视在写作教学中渗透对学生思维能力的培养，缺乏对写作过程的具体指导，如写作之前，一方面没有设计相关的写作理由和目的帮助学生产生写作的欲望，未能对学生思维进行充分的刺激和挑战；另一方面，也没有对即将写作的语言材料提供足够的语言支持。写作前的辩论激发学生表达了自己的观点、兴趣，但10分钟的限时让他们意犹未尽，产生写作的欲望，辩论中双方的观点为写作提供了足够的语言支持。从学生的现场作文来看，他们都可以把课堂学到的观点、表达方式及论证方式运用到写作中，如学生在辩论出国留学的优点时用了科学家钱学森的例子，说明出国留学可以为国家做出更大的贡献，获得同学们热烈的掌声，在接下来的课堂习作中，学生再次使用这个例子，有效地实现了学生与教学材料和同伴的"互动协同"。

3. RSW "读—说—写" 以读促写教学模式研究结果分析

经过两年的课题研究，课题组运用"学伴用随"的教学原则建构了"读—说—写"以读促写教学模式，开展了15节研讨课，每次研讨课后对上、中、下三个层次的各3名学生，共9名学生进行追踪调查，调查学生写作课参与情况、学生的写作课课后感受描述和学生的写作成绩比较。结果显示：约80%的基础好的学生的写作行文逻辑和篇章意识加强，约75%的基础一般的学生的话题语言运用能力加强，约70%的基础薄弱的学生最显著的变化是不像以前那样害怕写作文了。一位学生这样说："语篇阅读让我在口语活动时有话可说，口语活动让我在写作时有内容可写，原来写作并不那么可怕！"笔者两次受邀在广州市英语教研会议上做"基于主题整合教学材料，优化中学英语读写教学"的讲座，推广研究成果。

"说"是我们以读促写教学模式的特色，在研究初期，我们曾经质疑：在写作前设计口语活动是否会让课堂容量太大，从而没时间写作文。在研究中期我们发现，口语活动如果能切实解决写作难点的运用，学生写作所用时间比平常节省了至少三分之一，写作水到渠成。学生在调查中反映，口语活动环节能改变阅读和写作课沉闷的课堂气氛，让课堂富有活力，让他们及时反馈在阅读中获得的知识，如在英语辩论中碰撞出思想火花，让他们有机会用英语表达自己的想法，获得了学习英语的成就感。

基于"学伴用随"教学原则的高中英语"读—说—写"教学步骤的以读促写教学模式，经过两年的教学实践，我们的课题研究能够把读、说、写这三大语言技能的训练有机结合起来，"学相伴"体现语言输入，"用相随"体现语言输出，提高了学生的写作能力，培养了学生思维品质的核心素养。在课题研究过程中，笔者还惊喜地发现，"学伴用随"教学原则可以运用在写作以外的其他课型中，值得进一步研究和教学实践。

第三节　基于语用能力培养，构建"西入中出"语法"活力课堂"教学模式

一、构建"西入中出"（语篇引入—演绎语法—主题习作）教学模式的意义

"语法隐形，功能为纲"是新英语课程的一大特点。新课标到底还要不要教语法？回答是肯定的。问题是如何教才能更好地在教学中既突出语言的交际功能，又使语法知识"内化"成正确应用语言的能力。英语课程改革的重点就是"要改变英语课程过分重视语法和词汇知识的讲解与传授，忽视对学生实际语言运用能力的培养倾向"。现在英语语法课堂教学存在的问题和困难是教师注重知识的传授，轻视技能训练，尤其在课堂容量大、节奏快的高三英语语法教学中，教师重视详细讲解语法规则，让学生做大量语法单项选择题，这样难以激发学生的兴趣，使语法基础薄弱的学生更加畏惧英语语法，严重影响学生英语学习的信心。因此构建有效的语法教学模式，提高高三语法复习教学效率对提高学生英语学习兴趣和整个高三英语教学质量起着重要的作用。新课改实施中的语法教学必须体现"发现探究、实践运用、任务型活动、自主学习、合作学习"等新课标的新理念。根据高三英语教学的特点，经过高三的语法复习教学实践，笔者提出构建"西入中出"（语篇引入—演绎语法—主题习作）教学模式，提高高三语法复习课的教学效率。所谓"西入中出"教学模式就是先阅读典型的英语短文，让学生探索、讨论语篇中的语法现象及其用法与功能，演绎语法，然后模拟短文的主体结构或模式，运用该典型语法进行写作。

二、语篇引入激发学生兴趣，帮助学生确定语法复习重点

2007年广东高考新题型语法填空和两篇写作凸显了语法的重要性。教师做试题分析时发现，很多考点考查的是很基础的语法知识，学生在运用中却屡屡出错，而且讲解时很多学生觉得考查的语法并不难，但自己做题时很难想到。可见学生对相关语法项目的理解只是停留在较浅的层面上，即虽记住了语法规则，却远远没达到在具体语境下灵活运用的程度。只有当所学的语法规则内化为语言表达的习惯时，语言运用能力才能得以形成并发展。这一途径的实践必须以语境为依托。语境的创设是以语篇为载体的。高三学生的语法基础参差不齐，教师应该在语法复习中先让学生找出自己语法项目中没有掌握的知识，才能在有限的时间内进行有针对性的复习。"西入中出"教学模式要求教师在进行重点、难点语法复习时，可以摘选、自编或改编一些包含这类语法的文章或有趣的故事，让学生通过阅读语篇感受某专题语法现象，激活已有语法知识网络，仔细观察语篇中出现的所有的这类语言形式，自己去发现这种语言结构的Form和 Meaning，然后通过小组讨论归纳出这种语法项目的结构特征和使用规则。其实这个讨论归纳的过程就是学生反思自己语法基础、确定复习重点的过程。非谓语动词和状语从句是重点考查的语法项目，为了让学生感知非谓语动词做状语与状语从句做状语的用法，在语篇引入时采用了《新概念英语》第二册中的Lesson 49。

Tired of sleeping on the floor, a young man in Teheran saved up for years to buy a real bed. For the first time in his life, he became the proud owner of a bed *which* had springs and a mattress. *Because* the weather was very hot, he carried the bed on to the roof of his house. He slept very well for the first two nights, *but* on the third night, a storm blew up. A gust of wind swept the bed off the roof *and* sent it crashing into the courtyard below. The young man did not wake up *until* the bed had struck the ground. *Although* the bed was smashed to pieces, the man was miraculously unhurt. *When* he woke up, he was still on the mattress. *Glancing* at the bits of wood and metal that lay around him, the man sadly picked up the mattress and carried it into his house. *After* he had put it on the floor, he promptly went to sleep again.

该语言材料为《新概念英语》第二册中的经典课文，内容生动，语言地道，故事中年轻人对"bed"的执着激起了学生的学习兴趣。教学时让学生侧重分析上下文中动词间的逻辑关系，体会非谓语动词与状语从句在表达多个动词间的逻辑关系时所起的作用，然后讨论归纳各类状语从句，探究如何通过状语从句和非谓语动词做状语的转换，来表达状语的多样性。学生在演绎语法中能找到自己状语复习中的难点和重点，在小组合作中获得了英语学习的自信心和帮助，强化了语法复习效果。对于基础好的学生，还可以将文中的斜体字部分设计成语法填空的形式，在运用中输入语篇。

三、输入语篇，让学生在语境中感受语法的交际功能

新课标在语法项目的说明（2）中提出："高中阶段的语法教学，应从语言运用的角度出发，把语言的形式、意义和用法有机地结合起来。要引导学生在语境中了解和掌握语法的表意功能。" 语篇能为学生提供运用语言的真实环境，有利于改变传统的语法教学只注重语言形式而忽视语言意义的做法，从而体现语法的交际功能。例如，在虚拟语气的专题复习中，先让学生阅读虚拟语气的典型语篇*Dream and Reality*，并进行小组讨论，探究虚拟语气在条件句中的运用和语法功能，归纳虚拟语气在条件句中的运用规则。

学生阅读后，能感受到虚拟语气表达"梦想、愿望"的语法功能，为主题习作的输出奠定基础。学生在画出文中的句子后，不难归纳出条件句中表示与现在事实相反时所使用的虚拟语气。因为是高三语法复习课，教师还可以在此基础上让学生进一步讨论归纳条件句中表示与将来、过去事实相反时所使用的虚拟语气。再如，过去完成时是英语时态中的难点，学生容易把它与过去时混淆，通过阅读《新概念英语》第二册中的这篇短文，就可以理解过去完成时是在什么语境中使用的，并能巩固重点句型"Hardly...when..."和"No sooner...than..."的使用。

Everything except the weather

My old friend, Harrison, *had lived* in the Mediterranean for many years before he returned to England. He *had* often *dreamed* of retiring in England and *had planned* to settle down in the country. *He had* no sooner returned than he bought a fine house and went to live there. Almost immediately he began to complain about the weather, for even though it was still summer, it rained continually and it was often bitterly cold. After so many years of sunshine, Harrison got a shock. He acted as if he *had never lived* in England before. In the end, it was more than he could bear. He *had* hardly *had* time to settle down when he sold the house and left the country. The dream he *had had* for so many years ended there. Harrison *had thought* of everything except the weather.

这些典型的语篇输入既能引起学生的语法复习兴趣，又能让学生直接感受语法在语篇中的运用，有助于强化语法的使用，提高学生的语篇思维能力。而且，小组合作学习能推动学生主动参与，有利于学生观察、思维、分析、综合能力的培养，以及学生的探究学习和自主学习能力的提高。

四、创设情境，演绎语法，让学生享受语法学习

根据新课标的基本理念，教师在教学中应让学生通过参与学习活动和完成学习任务实现任务目标，从而感受学习成功的喜悦。时代呼唤灵动的课堂，也就是教师享受教、学生享受学的课堂。与高一、高二相比，高三的英语课堂要沉闷得多，主要是因为学生缺乏英语表达的机会，因此高三语法课堂应创设有趣和有意义的交际活动，只要任务设计得当，语法课也可以上得生动有趣。高三语法复习课中，教师应根据所教语法项目的交际功能去创设运用这个语法项目的情境，将语法教学与听说读写的活动结合起来，将语法知识的学习与综合技能训练结合起来，充分体现高三英语课堂的实效性。还以虚拟语气的专题复习为例。在演绎虚拟语气的步骤中，教师根据虚拟语气表达"梦想"和"懊悔"的语法功能，去创设使用该语法项目的新的语境，演绎语法，有层次地设计使用该语言形式的听说读写活动。例如，首先通过根据所给情境用if或I wish造句，巩固和掌握虚拟语气在条件状语从句和宾语从句中的运用。

还可以根据虚拟语气表达"懊悔"的语法功能，设计活动。先让学生听选自*Crazy English*的一段对话，让学生明确活动要求。

Expressing Regret

M: Why do you look so sad?

W: I failed my English examination.

M: Oh, that's too bad.

W: If only…if only…if only…

M: If only what?

W: If only I had passed!!

M: Take it easy! Was it really difficult?

W: Not really…but I didn't study enough. I wish… I wish...

M: I wish what?

W: I wish I had studied more!

M: Take it easy!

W: If only I had studied more!!! Oh!

M: Take it easy… take it easy.

要求学生根据所听内容写下三个表达懊悔的句子。①If only I had passed! ②If only I had studied more! ③I wish I had studied more!学生被对话中夸张的语调所吸引，锻炼听力的同时体会到虚拟语气表达懊悔的语法功能。第一步：让学生两人一组编一段对话，其中必须含有3个以上运用虚拟语气表达懊悔的句子。第二步：在四人小组中轮流表演小对话。第三步：用抽签形式来决定某一组在全班表演他们的对话，同时要求各小组记录他们听到的用虚拟语气表达懊悔的句子。第四步：记录的句子最多、最准确并能快速重复出来的小组就能获得下一个表演对话的机会。最后，教师以小组为评价单位，进行课堂活动评分，并纳入英语形成性评价的记分中。小组活动后，要求学生写一篇开放式作文：My dream and regret。很多学生一气呵成，恰当地使用虚拟语气，写出了很多精彩的句子。一个英语基础薄弱的学生都能写出这样的作文: Everyone has a dream, including me. I always think if I should have a lot of money, I would travel all over the world, but it is so difficult for me. I am lazy，which makes me wish I had learned more before. And now, I regret I hadn't studied hard. If I were to have another chance, I would try my best to study.这个活动促进了学生的全体参与，活跃了课堂气氛，有机地结合了语法教学，形成评价能力和听说读写技能的培养。新课标的八级语法教学目标要求中的第三点要求学生能使用适当的语言形式描述和表达观点、态度和情感等。由于时间有限，在高三语法复习中，活动的大小可根据语法项目的难度和语法功能设计。

五、主题习作，强化语法知识，提高学生在写作中运用语法的能力

语法学习最终要服务于说与写，这样才能达到语言输出的目的。写作是四项语言技能中的一个重要部分，更是学生语言生成能力的重要表现形式。语言的准确性是写作中不可忽视的一个重要方面，它直接或间接地影响到信息的准确传递。准确使用语法结构和词汇是写作部分评分标准中的一个重要内容。教师不难发现学生的语法错误在写作中最集中，新课改后，高考作文中仍出现大量的基础语法错误，这让教师不得不重新反思和关注语法教学。高三英语语法复习又成为英语基础复习的重点，广东高考英语写作分值的增加使英语写作训练成为重中之重，贯穿整个高三英语复习。因此把语法复习和写作专题训练结合，可以使高三的语法复习课产生最大的效益，能够有效地提高学生在写作中运用语法知识的能力。写作是语言输出的最高层次，这种有效的输出必须建立在有效输入的基础上。Brian Tomlinson认为，语言学习者只有在准备好的情况下才会产出语言。在"西入中出"的教学模式中，通过引入具有某些典型语法的语篇，让学生在情境中演绎语法，最后进行主题习作，符合语言运用"Input-Intake-Output"的规律，能促进高三语法和写作专题复习效率的共同提高。例如，为了让学生学会在记叙文中使用非谓语动词与状语从句，创设下面的图片作文，如图2-3-1，为了降低难度还可提供如下的关键词让学生先在小组中进行故事接龙，然后合作完成该故事。

One day … bad luck…wake up…too late…I find…turn off…hurry downstairs…break… steal…arrive… exhaust…tell … know… Mid-autumn day…come back…realize…find…break into

图2-3-1 故事接龙图示

这个环节留给学生发挥想象的空间，充分调动了学生进行主题习作的积极性，大多数小组都能完成像下面这种典型的主题习作。

One day, I had very bad luck. When I woke up, I found it was too late for school and the alarm clock turned off. I hurried downstairs and found my broken bike stolen, so I had to run to school. When I arrived at school, I felt exhausted. Having been told by the school guard, I knew it was holiday for Mid- Autumn Day. Then when I came back home, I realized I had had my keys left on the door and I found my house broken into.

因为从句和非谓语动词是学生最想使用的高级语法，学生在轻松愉快的学习氛围下就能写出具有高级语法的作文，获得了很大的成就感，增强了英语学习的自信心。

又如，在复习非谓语动词作宾语后，设计了一篇与学生生活相关的基础写作，写作内容如下：

请用五句话根据下列写作内容写一篇日记。

（1）我的笔友John盼望着来广州游玩一天。

（2）我建议到白云山呼吸新鲜空气或者到香江野生动物园去看动物。（Xiangjiang Safari Park）

（3）他说想看看从澳洲来的考拉（Koala）。

（4）我们决定到香江野生动物园去。

（5）当我们观看考拉时，禁不住拿出相机拍了很多照片。

（6）当天我们虽然很累，但却玩得十分尽兴。

学生在这篇日记中能充分使用v-ing和to do 做宾语，并且巩固了一些重点短语的使用，如look forward to doing…, suggest doing…, decide to do…, can't help doing…"西入中出"教学模式中的主题习作设计要贴近学生生活或是学生熟悉的话题，并能用上某些典型语法。因此学生在主题习作后会感觉英语语法其实离他们很近，而且会降低写作的焦虑感，从而获得学习成就感。

六、构建"西入中出"（语篇引入—演绎语法—主题习作）教学模式的反思和启示

笔者在高三语法复习课的教学实践中进行了"构建'西入中出'（语篇引入—演绎语法—主题习作）教学模式，提高高三语法复习课的教学效率"的研究。结果显示，重点语法项目如动词时态、语态、非谓语从句的语法复习课均可以使用该教学模式。运用该教学模式进行语法复习后，学生的语法学习兴趣和写作兴趣明显增强，写作中出现的基础错误越来越少，使用高级语法现象越来越多，行动研究后的各项数据表明，该教学模式能较好地提高高三语法复习效率。但该模式要求教师精选用于输入的语篇和主题习作的材料，语篇材料最好是语言地道、生动有趣的短文，主题习作的话题属于高考考纲中要求的24个话题，并能让学生使用某些典型语法。该教学模式所使用的课时要根据语法项目内容和学生的语法学习情况来确定，是否能用于高一、高二的语法教学还有待研究。

在高三语法复习课中，笔者经常根据所教语法项目的交际功能去创设有趣和有意义的交际活动，将语法教学与听说读写的活动结合起来，只要任务设计得当，语法课也可以上得生动有趣。例如，在定语从句的复习中，根据定语从句的语法功能，要求学生谈论同桌（如：I have a partner whose homework/handwriting/hair/schoolbag…. As we know, …. He likes going to…where），关注同桌的优点；谈论喜欢哪一类型的同学（如：I like /don't like classmates who…）；谈论自己的住所（如：I live in a house whose walls/ doors/ windows…）。这些话题都是学生们所熟悉的，既能让学生有话可说，又能让学生消除对定语从句这个语法难点的恐惧，增强语法复习兴趣。演绎语法还可以通过句型转换和改写语篇的形式进行。

第三章

"活力课堂"——阅读课

第一节　基于主题意义探究的
"活力课堂"阅读课

——人教版Book 1 Unit 5 Nelson Mandela–a modern hero阅读课

一、参与探究，阅读中领会主题意义

　　探究式学习（Inquiry-Based-Learning）是一种将学生的问题、思想和观察放在教育实践首位的教学方法。探究式学习的倡导者Schwab认为探究式学习让学生通过自主参与对自然的探究培养科学精神和积极探索自然的态度，掌握一系列科学探究方式，获得知识和技能，合作式探究还能加强探究者之间的交流和沟通，加强合作意识。探究式学习是进行主题意义学习的主要方式。"学生对主题意义的探究是学生学习语言的最核心内容。通过对主题语境的理解和主题意义的探究，学生把语篇中所呈现的语言知识和文化知识整合起来进行学习，通过语言技能和学习策略运用等活动的开展，在分析问题和解决问题的过程中发展语言能力、文化意识、思维品质和学习能力，学生对主题意义探究的深度，直接决定了他们对语篇理解的程度、思维发展的水平和语言学习的成效。"（梅德明、王蕾，2018）主题意义引领下的"活力课堂"阅读教学围绕主题整合阅读材料，紧密开展阅读理解活动，学习和理解文本传达的内容和意义，分析文本的语篇结构和文本修辞，剖析主题意义的深层内涵，在应用实践中围绕主题对新的知识开展描述、阐释、分析、判断等活动，内化语言知识为语言能力，并实现文本主题意义的进一步升华。在迁移创新活动中，通过练习生活实际，引导学生学会用所学知识解决问题，学会做人。

二、Book 1 Unit 5 Nelson Mandela-a modern hero 阅读课教学设计

课型定位：阅读课

课题名称：人教版教材Book 1 Unit 5 Nelson Mandela-a modern hero

设 计 者：广州市彭琴名教师工作室

设计意图：依据教学思想"活力课堂"进行阅读文本解读、主题意义和篇章纽带探究

授 课 者：广东番禺中学彭琴（广东省特级教师）

授课对象：高一学生

授课时间：40分钟

1. 文本解读

（1）主题意义：本文是记叙文，主人公Elias以第一人称视角讲述了自己一生的故事。这名生活在种族歧视阴影下，生活在有种族隔离制度的南非的普通黑人，与黑人领袖曼德拉有多次交集，这些交集改变了他的行动、命运及他对人生的态度。本文明线介绍的是Elias的故事，暗线则是展现了南非当时的社会背景以及Mandela为了争取黑人的平等权利所做的努力和贡献，从而歌颂南非前总统、诺贝尔和平奖获得者Nelson Mandela的伟大。让学生在了解南非历史背景的基础上，更加体会到Nelson Mandela的伟大之处，对伟人更加肃然起敬。

（2）文体结构：文章标题是Elias' story而不是Nelson Mandela's story， Elias这个小人物是当时社会大背景的一个缩影，以第三者的角度客观地阐述Mandela的伟大事迹，更有说服力。阅读语篇*Elias' story*是记叙文，文章的第一段基本包括记叙文5个要素，简述故事发生的时间、地点、人物及事件。第二段讲述Elias的情况，向Nelson Mandela求助的原因以及Nelson Mandela如何帮助Elias。第三段、第四段和第五段讲述了黑人的境况，并引用了Nelson Mandela的话，更能说明Elias加入the ANC Youth League的原因。

（3）语言修辞：当句子进入语段、语段进入语篇的时候，往往要用一些连接手段把句子和句子、语段和语段，有时甚至是段落和段落连接起来，使它们之间建立起各种逻辑意义关系，并使整个语篇在意义上具有连贯的性质，这种连句成

篇的手段叫作篇章纽带。篇章纽带可分为三大类：逻辑纽带、语法纽带、词汇纽带。本文使用的主要是逻辑纽带，第二段多次使用连词"because"明确句子之间的因果关系，该段的逻辑纽带是表示因果的连句手段。该语篇多处使用时间和表示时间的状语，这是记叙事件所使用的典型的表达时间的连句手段，多处使用动词或动词短语表达事件，使用it等语篇标识词，表达段落间的连接。

2. 教学目标

在本课学习结束时，让学生能够：

（1）通过阅读Elias的故事，探究主题意义，体会到Nelson Mandela的伟大之处。

（2）根据时间获取事件信息，探究记叙文表达事件的逻辑纽带和全文的明暗线设计目的。

（3）阅读语段，设计阅读问题，探究表达因果的逻辑纽带。

（4）通过对阅读语篇的文本解读，内化所学知识，实现新知识的迁移，学会评价伟人。

3. 教学过程（表3-1-1）

表3-1-1　教学过程步骤

教学步骤	设计目的
Step 1: Pre-reading Activity 1: Lead-in Question: Are these people famous people or great people? Why? Which adjectives can describe great people?	目的： 以《光辉岁月》的歌曲作为背景音乐，引出单元的主题"Nelson Mandela"。以名人的图片激发学生兴趣，引起学生对伟人必备素质的思考。
Step 2: Reading Activity 2: Fast reading Read the title and the first paragraph and find out: When: Where: Who: What: Why:	目的： 让学生快速阅读第一段，根据记叙文的几大要素，获取相关信息，让学生学会根据文体迅速获取信息，为下一步的阅读做铺垫。

教学步骤	设计目的
Activity 3: Deep Reading Scan the reading passage and fill in the blanks according to the timeline of Elias' life.	**目的:** 让学生阅读全文,根据时间顺序填写信息,探究记叙文表达事件的逻辑纽带,利用鱼骨图呈现文章的明线和暗线,推断全文明暗线设计的目的。
Activity 4: Designing reading questions Read Para 2 and design four "Why... "questions. 1. 2. 3. 4.	**目的:** 让学生设计表示原因的问题,与同伴进行问答练习,在通过阅读获取信息的同时理解表达因果关系的逻辑纽带。
Activity 5: Discovering Read Para 3 ~ 5 and discover the writing purposes of using the quotes from Nelson Mandela in the reading. The writing purpose of using the quotes:	**目的:** 首先由教师示范探究作者运用引语的写作方式,然后由学生独立探究运用引语的写作目的。
Step 3: Post reading Activity 6:Making comments Make comments on Nelson Mandela according to the "ARE" structure, trying to use some information from the reading passage. Assess the peers' comments according to the following criteria.	**目的:** 让学生在阅读后进行语言输出,使用"ARE"结构和阅读语篇中的相关信息,评论Nelson Mandela,让评论更有说服力。让学生通过同伴评价表,验证学习成果,巩固该节课的重点内容,培养学生的评价能力。
Homework Read the "Life of Nelson Mandela" and write comments about "Nelson Mandela's life".	**目的:** 让学生课后阅读Nelson Mandela的生平和相关书籍,并写出对Nelson Mandela的评价,完成从语篇输入到语篇输出的整个环节

三、Book 1 Unit 5 Nelson Mandela-a modern hero
阅读课学案

学习思维导图（如图3-1-1）：

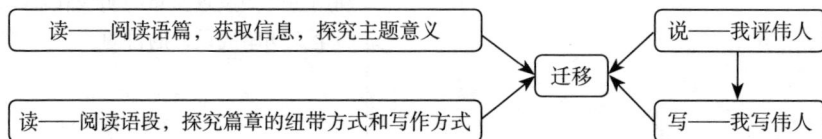

图3-1-1　学习思维导图

学习活动：

Step 1: Pre-reading

Activity 1: Lead-in

Question 1: Are these people famous people or great people? Why?

        Neil Armstrong: the first man to land on the moon

        Sun Yat-sen: founded the firs Republic in China

        Lu Han: acts in a TV variety show, running man

Question 2: Which adjectives can describe great people?

Step 2: Reading

Activity 2: Fast reading

Read the title and the first paragraph and find out:

When:

Where:

Who:

What:

Why:

Activity 3: Deep Reading

Scan the reading passage and fill in the blanks according to the timeline of Elias' life.

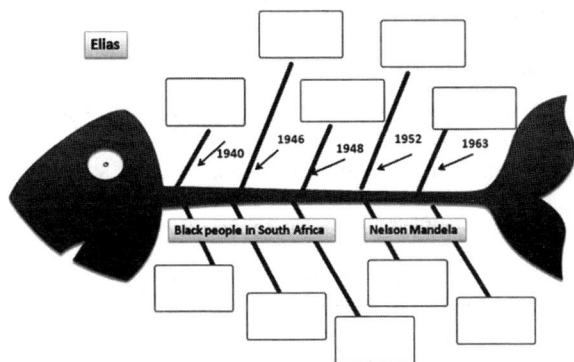

图3-1-2　阅读思维导图

Activity 4: Designing reading questions

Read Para 2 and design four "Why..." questions.

1.

2.

3.

4.

Activity 5: Discovering

Read Para 3 ~ 5 and discover the writing purposes of using the quotes from Nelson Mandela in the reading ?

1. "The last thirty years have seen the greatest number of laws stopping our rights and progress, until today we have reached a stage where we have almost no rights at all."

The writing purpose of using the quotes:

2. "… we were put into a position in which we had either to accept we were less important, or fight the government. We chose to attack the laws. We first broke the law in a way which was peaceful; when this was not allowed…only then did we decide to answer violence with violence."

The writing purpose of using the quotes:

Step 3: Post reading

Activity 6 Making comments

Make comments on Nelson Mandela according to the "ARE" structure, trying to use some information from the reading passage. Assess your peers' comments according to the following criteria.

表3-1-2　Peer Assessment

What do you think of the work	Excellent（A）	Good（B）	Average（C）	Poor（D）
Adjectives				
Reasons				
Emotion				

Homework：

Read the "Life of Nelson Mandela" and write comments about "Nelson Mandela's life".

四、教学评价

该节课在广州英语名师送教清远暨高中区域联合蹲点活动中作为特级教师示范课展示。清远的参会教师表示该节示范课让他们大开眼界，讲课教师充分展示了扎实的基本功和丰富的教学经验，课堂教学突出了《新课标》要求及英语核心素养的培养，是今后教学上学习的标杆。广州市名教师黄埔区英语教研员符丽雪老师对该节课的评价如下：彭老师给我们上了一节非常精彩的阅读课，课题为"Nelson Mandela"。本节课以教师一系列的提问与追问为主线，引领着学生通过思考教师提出的问题结合思维导图先梳理出文章的结构与写作手法，进而过渡到对文章内容的挖掘。整节课思路严谨，一气呵成。教学内容的设计基于对文本的细致分析，注重对文本内外所体现的文化内涵进行深入挖掘，体现了阅读的本质育人功能。同时通过分析语篇的衔接手段帮助学生体悟记叙文的语言修辞。

高君杨老师评课：

《普通高中英语课程标准（2017年版）》指出，英语课程应该把对主题意义的探究视为教与学的核心任务，并以此整合学习内容，引领学生语言能力、文化品格、思维品质和学习能力的融合发展。

彭老师的这节阅读教学课，从教学设计时就对语篇进行了文本解读。语篇是英语教学的基础资源，赋予语言学习以主题、情境和内容，并以其特有的内在逻辑结构、文体特征和语言形式，组织和呈现信息，服务于主题意义的表达。因此，深入研读语篇、把握主题意义、挖掘文化价值、分析文体特征和语言特征及其与主题意义的关联，是落实学科核心素养目标、创设合理学习活动的重要前提。彭老师分析了本文的主题意义是让学生体会伟人Nelson Mandela 的伟大之处，后续的课堂活动设计和课后作业设计，都是围绕这个主题意义展开。

此外，整节阅读课的教学设计是，开始引入主题时利用图片和音乐引发学生的兴趣，再引导学生思考伟人的必备素质。在分析故事发展的时间线的时候，利用鱼骨图（思维导图的一种）非常生动形象地呈现出文章的明线和暗线，引导学生推断全文明暗线设计的目的。彭老师还让学生自己设计表示原因的问题，与同伴进行问答练习，在获取信息的同时理解表达因果关系的逻辑纽带。这一系列的课堂活动都充分体现了彭琴老师的 "活力课堂"教学思想，让学生大量地参与到课堂活动中，内化所学知识，实现对语言的深度学习。

第二节　基于语篇意识培养的
"活力课堂"阅读课

—— 人教版Book 2 Unit 3 Computers阅读课

一、依托语篇阅读，探究语篇模式和语篇衔接

　　语篇是表达意义的语言单位，是语言学习的主要载体。在教学中，语篇作为英语课程六要素之一却常常被忽略。《新课标》指出，语篇是教学的重中之重，语言教学应该围绕语篇进行，语言的教学任务之一就是帮助学习者认识到语音、词汇、语法等语言要素是如何相互联系、共同组织和构建语篇的。阅读作为语篇的主要形式，涵盖了各类语篇模式和语篇衔接方式，通过阅读培养学生的语篇意识是"活力课堂"阅读课的重要目标。语篇意识培养从宏观探究篇章模式的角度和微观探究篇章衔接方式的角度进行。常见的篇章模式分析应该与语篇的体裁结合进行。微观语篇衔接阅读帮助学生留意语篇衔接标记，如词汇衔接、逻辑关系衔接、语法衔接（指称、替代、省略）等方式，按照语篇表层的语篇标记之间的关联，准确获取整体语篇的模式和语篇意义。学生在积累了一定的语篇知识后，语篇知识会内化成语篇意识，语篇分析能力会逐步提高，从而逐步欣赏到语篇模式之美和主题意义之美。

二、Book 2 Unit 3 Computers阅读课教学设计

课型定位：新授课——阅读课

课题名称：Book 2 Unit 3 Computers

教学资源： 人教版教材

设计者： 广州市彭琴名教师工作室

设计意图： 主题意义的探究与迁移 、文本解读、名词凝练在篇章中的意义

授课者： 广东番禺中学彭琴

授课对象： 广东番禺中学高一（18）班

1. 背景

（1）主题语境：计算机——计算机的发展史与应用

（2）语篇类型：科普类说明文

（3）完成时间：40分钟

2. 文本分析

本课的话题为计算机，这篇阅读文章以第一人称的拟人手法介绍了计算机发展演变的历史及其在各领域的应用。计算机的演变经历了几个历程：1642年最初以一种"计算机器"的身份诞生，大约200年后，Charles Babbage把它变成一种"分析机"。之后计算机有了"人工智能"，但直到1936年，计算机才真正被"广泛地"用来解答复杂的数学问题。虽然计算机的能力越来越大，但是体积却越变越小，从1940年的一个房间那么大到后来的个人电脑，再到便携式电脑。计算机的记忆功能也在不断发展，从最初存储在电子管，到后来小小的芯片。如今计算机也不再孤军奋战，而是成为互联网庞大家族中的一员。伴随着这些变化，计算机的使用几乎遍及了生活的方方面面，如交流、财经、贸易、机器人、手机、医疗和航天等，真正成为我们生活中不可缺少的一部分。文章的结构如图3-2-1：

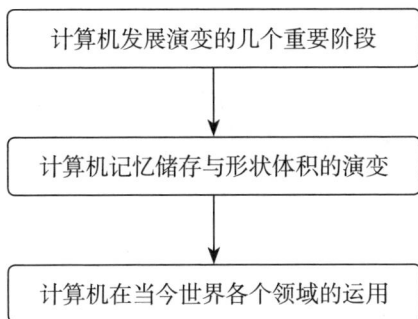

计算机发展演变的几个重要阶段

↓

计算机记忆储存与形状体积的演变

↓

计算机在当今世界各个领域的运用

图3-2-1 架构图

文本以时间为写作顺序，分三个段落进行叙述，且每段的首句均为该段的主题句。这种结构简单且段意明晰的语篇十分适合用于启发和引导学生找寻段落主题句，并进一步对段落及全文进行概括与提炼，从而提升其对语篇的全局意识。

计算机这一话题虽然有趣，也贴近学生生活实际，但文本材料属于科普说明文，内容较为抽象，文章中也涉及一些专业术语，有一定的难度。不过文章以计算机的口吻自白，这种拟人的手法使得文章读起来妙趣横生，抽象的专业知识介绍起来也浅显易懂。

3. 学情分析

该班学生英语基础较好，学习态度认真，学生已基本具备在阅读中获取细节信息的能力，大部分学生能用英语积极地表达观点。另外，对语篇的理解、归纳及分析能力仍有待提高。

学生在八年级上学期已学习过相同话题的单元，而且计算机在学生日常生活中十分普遍，因而学生对相关话题信息比较熟悉。

4. 教学目标

在本课学习结束时，学生能够：

（1）梳理、提炼文章段落的主要内容，理解写作手法的作用，提升对语篇的全局意识。

（2）提高提炼名词概括大意的能力、利用完整句型的语言表达能力，以及发散思维能力。

（3）深挖主题意义，提高人文素养，思考人与科技的关系，意识到科技是随着并依赖于社会的发展需求而发展的，更新速度愈趋日新月异。

5. 教学重点

学生通过阅读文章，获取计算机发展演变的历程及其应用在各个领域的事实性信息，提炼名词概括并梳理文章结构和各部分的主要内容，并启发思考主题意义问题。

6. 教学难点

概括各段落大意的任务，要求学生在理解文章内容的基础上，总结并以名词的形式进行提炼，对其归纳能力具有一定的挑战性。设计思维导图的任务，不仅需要学生了解段落大意，拣选出关键词，还要求学生梳理叙述思路，理清各关键词之间的关系，这也需要一定的思维逻辑与分析能力。

文章介绍计算机的演变历史与其应用较为简要，学生不一定感兴趣。因此，教学中运用了导入相关音频及插入图片等多媒体手段，进一步深化学生对计算机的感性认识，引发学生兴趣及对主题的思考。

7. 教学资源

教材及拓展音频和视频、多媒体课件、学案、计算机、黑板和粉笔。

8. 教学过程（表3-2-1）

表3-2-1　教学过程步骤

步骤	教学活动	设计意图	互动模式&时间
Pre-reading: Get ready			
Step 1: "活力课堂"小活动——英语才艺展	Ss listen to the song "Computer Boy" and conclude emotions from the lyrics in groups. T introduces the topic of this lesson: Computers.	音频导入，调动学生情绪与兴趣，为阅读篇章的拟人写作手法做铺垫。 介绍本课的话题	3' IW GW CW
While-reading: Comprehend the passage			
Step 2: "活力课堂"内涵——参与探究	1st reading T asks Ss to scan the text, and then find out Who is "I" in the passage the writing order of the passage through fast reading.	掌握扫读等快速阅读方式，了解文章的主要描述对象及写作顺序	2' IW CW
Step 3: "活力课堂"内涵——参与探究开拓思维发表看法	2nd reading T invites Ss to read the paragraphs one by one and understand the detailed information of the context, with the guidance of learning to summarize with noun forms of words and full sentences. *In the first paragraph*, Ss are asked to follow the concluding method of completing time-order diagram and making a summary of main ideas.	引导学生对文章的深层理解。通过教法教学，从分述到总括演示引导学生，在理解文本基本信息的基础上，分析文章的叙述脉络，以凝练的名词为单位，概括段落大意的顺序，最后应用到从提炼大意到用思维导图的方式归纳段意的顺序，最后引出总结	25' GW CW

续　表

步骤	教学活动	设计意图	互动模式&时间
"活力课堂" 小活动—— 思维导图 1分钟演讲 探究主题意义	*In the second paragraph*, Ss will be needed to use the deductive method to get the gist of main ideas and then finish the mind map. *In the last paragraph*, Ss will not only learn to make summary of main idea and list the application of computers, but also learn to use full sentences to express 1-minute speech about the extension of the information on the basis of paragraph 3. *In the final process*, Ss will be led to discover the connections of emotions and writing purposes of the passage and be provoked to think about deeper question.	文章主题含义，深化对主题的理解与思考	25' GW CW
Post-reading: Learn more about recent application of computer and have further discussion			
Step 4: "活力课堂" 内涵—— 开拓思维 小组合作 反思评价 "活力课堂" 小活动—— 同伴互评 成果分享	Ss discuss the mind map of AI product design. Ss describe their own AI design of the future with "APP" structure with the aid of product design, with the same topic "Who am I".	学生对现代计算机的最新应用——人工智能机器人有进一步的了解，进而所学迁移应用于介绍，使其充分发挥想象，充分运用所学的拟人手法、思维导图、文本知识输出	10' IW GW CW
Homework			
Write an introduction of your designed product. Think about a question "Will AI bring human beings more benefits or challenges and why?"		借助思维导图训练篇章理解与信息概括能力。激发学生思考深层次问题	

备注：Ss: Students　　T: Teacher　　IW: Individual Work　　PW: Pair Work

GW: Group Work　　CW: Class Work

板书设计（如图3-2-2）：

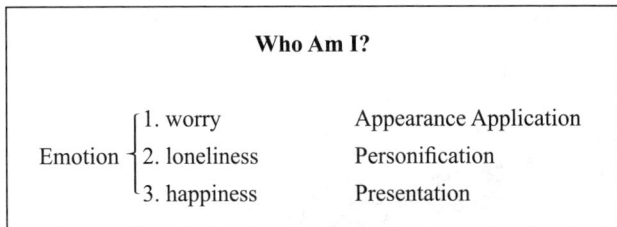

Who Am I?

Emotion $\begin{cases} 1.\ worry \\ 2.\ loneliness \\ 3.\ happiness \end{cases}$ Appearance Application
Personification
Presentation

图3-2-2　板书设计图

三、Book 2 Unit 3 Computers 阅读课学案

学习思维导图（如图3-2-3）：

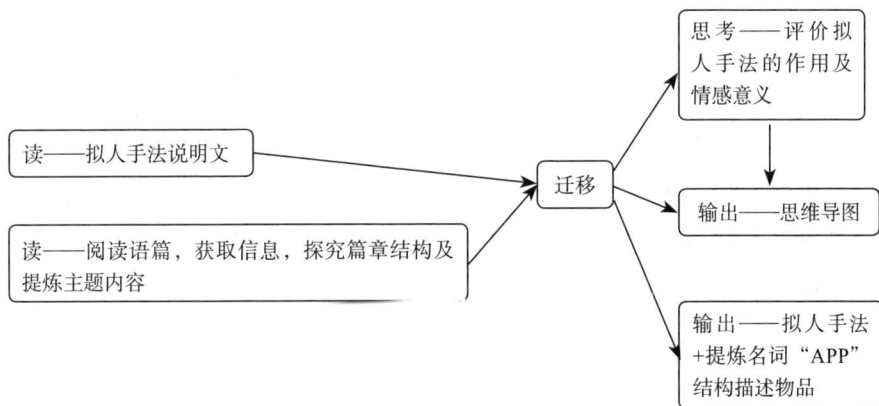

图3-2-3　学习思维导图

学习活动：

Activity 1: Sing the song "Computer Boy"

Activity 2: Fast reading

Who is "I" in the passage?

What is the writing order of the passage?

Activity 3: Detailed reading

（1）Read Para.1 and finish the timeline below.

1642　**1822**　**1936**　**1940s**　**1970s**

The computer _____.

The _____ was made by Charles Babbage.

The computer _____.

The computer _____.

Computers_____

_____.

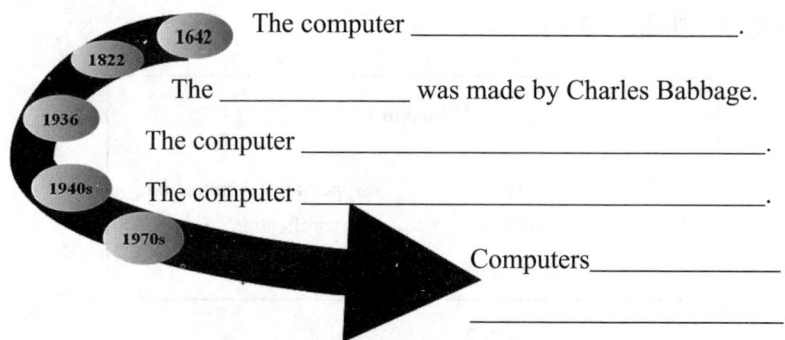

（2）Find out the main idea of each paragraph.

表3-2-2　**Main Ideas**

Paragraph	Main ideas
1	The _____ of computers.
2	The _____ and _____ of computers.
3	The _____ of computers.

Activity 4: Deep reading

(1) Read Para. 2 and complete the mind map.

(2) Read Para. 3 and find out where computers can be applied.

Activity 5: 1-minute speech

Make 1-minute speech according to the above applications of computers in groups.

Activity 6: Presentation

(1) Draw a mind map of an AI product.

(2) Describe the product with the title "Who am I?".

A → **P** → **P**

Appearance
&
Applications

Personification
&
First Person
Narrative

Noun forms in
your
Presentation

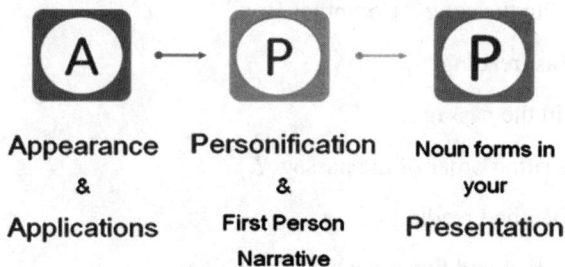

图3-2-4　APP思维导图

(3) Assess your peers' comments according to the following criteria.

表3-2-3　Peer Assessment

What do you think of the work	Excellent （A）	Good （B）	Average （C）	Poor （D）
Appearance & Applications				
Personification				
Presentation				

Homework：

(1) Write an introduction of your designed product.

(2) Think about a question "Will AI bring human beings more benefits or challenges and why?"

四、教学评价

该节课在广东二师附中的教学开放日中展示，也是工作室送教下校的研修活动。评课活动由科组长罗淑伟老师主持，首先，由授课老师彭琴老师展示自己的教学思想、教学设计、教学方式及教法特色。彭老师在说课中提到，上阅读课前，她先不看其他的教学参考材料，至少把文章看10遍以上，这让大家对彭老师的敬业精神和对专业的执着要求肃然起敬。然后，教研员冯页老师、黄志伟副校长、罗淑伟科组长以及工作室成员辛少芳老师等都围绕这节课进行评课活动。大家对彭琴老师的这节示范课给予了非常高的评价，老师们都说听了彭老师的课立刻仰慕起彭老师。二师附中黄校长高度评价了彭琴老师的这一节"活力课堂"，他认为彭老师的这节课更新了大家对阅读教学的观念，课堂活动丰富多样；时间把控非常精准，课堂节奏紧凑但又能给予学生充足的思考时间；通过warming up把学生和听课教师都充分调动起来，也拉近了师生的距离，大家听得非常兴奋；彭老师既有颜值，又有个人魅力，具有亲和力，语言富有感染力，与学生的融合度非常高；彭老师个人的英语素养非常高，口语地道，肢体语言丰富，很好地调动了学生的情绪，所以学生参与度高，目标达成度也高。他还提到彭老师的板书设计非常凝练而又恰到好处。

活动最后阶段，区教研室冯页老师做总结发言，冯老师首先对二师附中的本次引进专家到校的做法表示赞赏，也感谢学校为教师们的发展交流提供了平台。然后综合了听课教师的观点，总结彭老师的这节课如下：目标达成度高，这节课最大的特点是对主题意义的探究，并且能够深挖文章，关注到了名词在说明文中的运用，同时还利用文章中的情感线索，培养学生的文化素养。她还非常欣赏彭老师课堂上的坚持限时让学生完成各个活动并且课后能引导孩子们做评价。

工作室成员的研修日记如下。

钟惠贤：本节课处处体现了彭老师的教学思想——"活力课堂"，活力人生，是高中英语课堂的典范。在语篇分析中，彭老师注重培养学生的篇章意识，通过思维导图、1分钟演讲和展示等活动思考评价拟人的写作手法和情感意义。我尤其欣赏最后让学生参照文章的拟人写作手法，描述一种科技产品，并让其他同学猜猜产品是什么，这样能更加活跃课堂气氛。

梁颖琪：彭琴老师上的是必修二Who am I的阅读课，她在课堂中有效训练了学生的fast reading, detailed reading等阅读技巧，设计的阅读活动非常有层次感，整节课的结构安排合理，思路清晰，以一首computer的英文歌作为leading-in，一开始便吸引了学生的注意力，点燃了学生的学习热情。学生整节课的参与度都很高，最大的亮点是one-minute talk和学生的设计发明，让其他同学猜who am I，紧紧扣住了本节课的主题。彭老师整节课都充满了激情，真正体现了"活力课堂"的魅力！彭老师精湛的教学艺术和深厚的教学功底深深地感染了我，从她们身上我意识到，作为一名英语教师，一定要最大限度地发挥出教师的个人魅力，让课堂动起来，调动起学生的积极性，从而实现课堂效率的提高，让学生学有所得。

辛少芳：彭琴老师为我们展示了一堂生动有趣、活力十足的阅读活动课。这节课由一个个独立而又完整的活动组成，环环相扣，形式多样，整节课学生的参与度很高，目标达成度也很高，有效地提升了学生的英语学科素养。彭老师的设计基于文本解读，从标题到信息查找，再到段落大意以及篇章结构分析，从1分钟演讲到最后的学生模仿课文创作和展示，由浅到深，循序渐进，非常流畅。整节课以语篇为载体，引导学生围绕AI的主题展开合作探究学习，通过听、说、读、写等方面的语言实践活动来发展语言能力。彭老师分别引入Timeline，mindmap等发展学生的思维能力，而现场1分钟演讲的设计非常巧妙，既能结合文章开拓思维，又能锻炼学生的合作能力和语言能力，最后结合"拟人手法"以及提炼名词"APP"引导学生大胆创作专辑的AI产品，又进一步培养了学生的创新思维。彭老师地道的口语、简洁清晰的课堂指令、丰富的肢体语言以及极具个人魅力的引导和鼓励话语，让我们在整节课中如沐春风。

谢慧婷：彭琴老师的阅读课通过几个阅读任务的设计，让学生在获取信息的同时关注到语篇特征、说明顺序和主题内容，最后达到"迁移运用"深度阅读的效果。彭老师设计了"音频导入""1分钟演讲""5分钟展示"等活动，充分调动了学生学习的积极性和大胆用英语的热情，展示了一节充满活力的英语课堂。

第三节　基于高中生发展学科渗透的"活力课堂"阅读课

——中国梦、我的梦

一、小组合作，共同参与高中生发展

《新课标》提出，教育要培养具有中国情怀、国际视野、全球意识和跨文化沟通能力的人才，教育也需要培养学生能适应终身发展和社会发展的正确价值观、必备品格和关键能力。指导高中生发展无疑是高中英语教学的重要部分，在高中生发展中，教师把生涯规划融入所在的学科教学中是生涯教育的主流方式，小组合作是学科渗透教学中的主要学习方式。《新课标》指出："实施普通高中英语新课程标准应以德育为魂、能力为重、基础为先、创新为上。"教师在英语教学中可以尝试拓展英语学习资源，尤其是适合培养学生中国情怀的英语资源，让学生在阅读中感受中国文化的博大精深和中国发展中的辉煌成就，获得作为中国人的自豪感，在自己的生涯规划中树立正确的价值观，通过阅读国外阅读语篇拓展全球视野，辩证地看待问题，具备正确的价值判断能力，学会用英语讲述中国故事，培养求知进取、开放包容、自信自强等优秀的思维品质。小组合作学习让学生能够在一个平等、安全和对话的环境中分享和创造知识，让学生能够在平等的同伴前自由地发表真实的言论，不用担心受罚或被训斥，让他们在真实的语言环境里探索、协商、交流、合作与参与。小组合作学习所倡导的"平等""合作""协商"等正是高中生发展中需要培养的优秀品质，因此小组合作学习在生涯规划的学科渗透教学中应该成为主流的学习方式。

二、"中国梦、我的梦"阅读课教学设计

课型定位： 新授课——阅读课

课题名称： 中国梦、我的梦

教学资源： 高中生发展指导系列书籍

设计者： 全国高中学生发展指导高峰论坛晒课课程设计

设计意图： 用英语讲述中国故事，指导高中生生涯规划

授课者： 广东番禺中学彭琴

授课对象： 山东泰安高二学生

1. 主题确定理论及政策依据

英语学科核心素养的总目标是需要培养具有中国情怀、国际视野，有跨文化沟通能力的人。在学科教学中培养学生形成正确的人生观、世界观、价值观，树立远大的理想，促进学生整体素质全面健康发展，促使学生成为适应社会发展需要的人才。中国文化的英语表达，无疑是博大精深的中国文化在新时代发挥其应有作用的必经途径。英语学习者应担负起传承中国文化、与世界人民共享人类宝贵精神财富的责任。因此，中国文化英语表达的教学是提高英语教学水平的需要，是提高民族文化素质的需要，是增强民族自尊心、自信心和自豪感的需要，是继承和发扬中国文化的需要，更是全球化大趋势下文化互补与融合的时代需求。

2. 学情分析

高二的学生已具备一定的听、说、读、写能力，学习Book 5 Unit 4 Making the news后，对用英文表达的新闻具有一定的敏感度，因此选择以观看英文录像和阅读为语言输入，以职业思维图和梦想职业的写作为语言输出，提高学生的语言运用综合能力。本节英语综合技能课的主题是"中国梦、我的梦"，通过培养学生用英语来讲述中国的故事，让学生认识到祖国的强大繁荣，并思考自我的发展方向和梦想。

3. 教学目标

英语学科核心素养包括语言能力、学习能力、思维品质和文化品格这四个维度。本节课的语言教学目的是用英语来讲中国的故事，培养学生的双向跨文化交际能力。本节课是由人教版高中英语教材模块五第四单元Making the News

这个话题引申的一堂英语综合技能课,通过设计多项课堂活动,包括头脑风暴、观看录像、拼图阅读、小组合作、制作思维导图、1分钟演讲等,从意义出发推动深度学习,构建结构化知识,关注内化提升、迁移创新,实现对学生学科核心素养的培养。

4. 教学内容与重难点

在本课学习结束时,让学生能够:

(1)通过观看视频,培养用英语讲述中国故事的能力。

(2)通过拼图式阅读信息思维图的展示,实现语篇知识的图示,培养思维品质。

(3)通过头脑风暴、1分钟演讲等活动进行相关话题的语言输出,内化所学知识,实现新知识的迁移,培养"说"和"写"的语言能力。

5. 教学过程(表3-3-1)

表3-3-1 教学过程步骤

活动序号	活动名称	活动目的	教师活动	学生活动	活动时间
1	看图说话	激活学生话题图示	鼓励学生看图说话	大声说出图片中所指单词	
2	头脑风暴	学科渗透:学会学习之乐学善学,科学精神之勇于探究,责任担当之国家认同。头脑风暴是一种激发集体智慧产生和提出创新设想的思维方法。以此引入本课话题,激发学生学习兴趣,通过学生的小组合作探究,用英文讲述中国的故事,为学生提供更加广阔的思维空间和自主发展空间。央视网《辉煌中国》系列短片在Facebook、YouTube等海外平台广泛传播,并受到权威外媒转载和点赞	组织学生回顾双语新闻中核心主题,通过看图进行头脑风暴活动	学生在课前观看《辉煌中国》纪录片,课堂中阅读双语新闻,课中讨论双语新闻和图片中关于中国的热点词汇	5

续表

活动序号	活动名称	活动目的	教师活动	学生活动	活动时间
3	观看视频《外国人眼中的中国》	学科渗透：责任担当之国家认同、国际理解。目的：学生通过观看视频《外国人眼中的中国》获取信息，增强民族自豪感，激发用英语表达自己的兴趣	高铁、移动支付、共享单车、网购被称为中国的"互联网新四大发明"。在中国，移动支付广泛普及，去餐厅吃饭、饭后在便利店买水，都可以使用手机支付	学生通过观看视频《外国人眼中的中国》获取信息。通过这个活动让学生列举中国移动支付在日常生活中的应用，以此检验学生在上一个课堂活动——观看录像中所获取的信息	10
4	合作拼图式阅读	学科渗透：科学精神之理性思维，勇于探究。拼图阅读是一种合作学习模式。拼图阅读教学模式不仅对缓解学生的阅读焦虑和提高学生的学习动机有积极作用，而且可以培养学生的阅读兴趣和合作精神，有效实现少教多学的课堂教学。这个课堂活动也为后面让学生通过画思维导图描绘自己梦想的职业这个活动做了很好的铺垫。教师在课件上通过思维导图的模式呈现文章里四个学生的梦想职业，给学生下一步自己制作思维导图起了很好的示范作用	教师把一篇文章分成几个部分，让每组学生负责其中一部分。本次活动的阅读材料是四个美国高中生对自己未来职业的设想。他们的理想职业分别是宇航员、摄影师、建筑师和兽医。他们分别谈论到选择这一职业的原因、这个职业的特殊意义，以及他们为实现梦想要努力的方向	阅读完成后，各小组成员之间进行讨论交流，及轮流回报自己在阅读中所获得的信息，帮助其他同学掌握自己负责的部分，传授相关的语言技能和学习技能	10

活动序号	活动名称	活动目的	教师活动	学生活动	活动时间
5	制作思维导图	学科渗透：思维品格的培养，科学精神之理性思维。 通过小组讨论制作梦想职业的思维导图，思考自己的人生方向和未来职业。思维导图是一种放射性思考具体化的方法，它顺应了大脑的自然思维模式，以直观形象的方法让我们的各种观点自然地在图上表达出来，使我们的思维可视化，是一种帮助我们思考和解决问题的有效工具	指导学生从"梦想职业是什么？""为什么？""怎么实现梦想职业？"三个维度进行	讨论各自的梦想职业	5
6	1分钟演讲	学科渗透：学会学习之善于表达。 1分钟演讲是强制性的语言输出，旨在锻炼学生扩展信息的能力和口语表达能力	教师拿着自己的职业思维图示范1分钟英文演讲"My dream career"	学生轮流在小组中进行1分钟演讲，3个学生代表在班上分享	10
7	同伴评价	学科渗透：学会学习之勤于反思，科学精神之批判质疑。 让学生通过同伴评价，验证学习成果，关注"What""Why""How"，培养理性思维	指导学生从三个评价层次进行评价	学生在小组内进行同伴评价，并可以提出质疑	5
8	作业：英文写作	目的：写作任务。学科渗透：人文底蕴之人文情怀、家国情怀	指导学生通过梦想职业思维导图的构建，为课后写作打下基础	课后写一篇题为"我的梦想职业"的文章	

续 表

活动序号	活动名称	活动目的	教师活动	学生活动	活动时间
8	作业：英文写作	通过课堂上的各项活动的开展，学生更深一步了解到祖国的强大，并深入思考为实现"中国梦"，自己应该往什么方向去努力。课后通过完成这篇文章能让学生进一步内化课堂学习到的知识，更深入地窥探自身发展需求			

三、"中国梦、我的梦"阅读课学案

1. 学习思维导图（如图3-3-1）

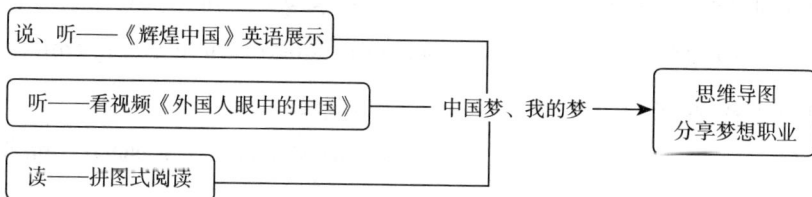

图3-3-1　思维导图

2. 学习活动

Activity 1: English Talent Show

Show your English talent with the topic Amazing China.

Activity 2: Video Watching

Watch the video and answer:

What does the foreigner think of China's mobile pay? Why?

Activity 3: Brainstorming

Activity 4: Jigsaw Reading

Read in groups of 4 and try to find out the following information and then fill in the form:

Student A: Passage A; Student B: Passage B

Student C: Passage C; Student D: Passage D

表3-3-2　**My dream career**

Dream Career	
Reasons	
Future plan	

（A）

My dream job would be to become an astronaut. My passion for space is an unbearable feeling that lies deep inside my heart. The mysteries that have been asked by millions of people have not yet been answered by NASA because of technology. Later on in the future, technology will be advanced and there will be answers to questions. I would like to be that one person to look down at young children and answer all their doubts over space.

Gemma Mandujano, Weslaco High School

（B）

My dream job is to be a professional photographer. I remember when I was 8 years old; I'd always steal my mothers' camera and take pictures of nature and life in general, and spend hours concocting（制造）the perfect moment to take pictures. To be a photographer, you must have the three P's: patience, passion, and perfection. I would love to be a celebrated photographer, not for the fame, but for the recognition of capturing people's most cherished moments to preserve them for a life time.

Amee Jocelyne Garcia, Weslaco High School

（ C ）

My dream job is to be an architect because I love to construct for other people. I have always been good at math. As well as having a talent for math I have loved to construct buildings that people can benefit out of. If I were to get the job as an architect I would be combining my love for math and construction to help the community. By helping and dealing with numbers I can honestly say that I will never go to work if I accomplish my dream job.

Efren Segovia, Weslaco High School

（ D ）

My dream job is to be a vet! I love animals very much and I know I would never get bored of being a vet, taking care of them would never be a bother to me. Ever since I was five years old, I said and knew that I wanted to be a vet to help and care for every animal that I got in my hands on. And to be honest, the pay is very good and life would be great knowing that I have money for my family and going to work loving every moment. My dream job is not far away and I will try my best to accomplish college and be a vet one day.

Laurie Solis, Weslaco High School

Activity 5: Thinking Map

Draw your thinking map of your dream Career here.

Activity 6: Dream Sharing

Talk about your dream career with the thinking map.

Homework：

我的梦想职业

在成长的过程中，我们总是对未来从事的职业充满憧憬，你班将以"My dream career"为题举办演讲比赛。请你根据以下要求写一篇英语演讲稿，要点如下：

（1）你的理想职业。

（2）选择的理由。

（3）实现的途径。

四、教学评价

谢慧婷高中学生发展指导课观后感：

10月19日，本人聆听了彭琴老师关于高中学生发展指导的主题为"中国梦、我的梦"的一节示范课。听后我对于自身作为一名英语教师应如何开展新高考下高中生发展指导学科渗透有了更清晰的认识，也对"'活力课堂'教学"的课堂操作更加具体明了。下面谈谈我的体会。

首先，从高中生发展指导学科渗透的角度来看，这节英语课不仅仅是学习英语——making the news，更是促进学生对自身生涯规划（my dream career）的思考，这两者的巧妙结合体现了课程设计者的精心思考和安排。本节课从《辉煌中国》的英语展示、看《外国人眼中的中国》、拼图式阅读、画思维导图"中国梦、我的梦"到最后的口语输出——分享我的理想职业，设计层层递进，从中国到个人，是个非常巧妙的设计。在新高考的背景下，学生在课程、考试、升学、就业等方面的选择权越来越大，学生的职业生涯规划尤其重要。本节课在中国梦的大背景下谈论"我的理想职业"既是对学生"中国梦"的点燃，也是对学生生涯规划的指导，这两者的有效结合，体现出"中国梦、我的梦"的家国情怀。

其次，从"活力课堂"的教学思想来看，本节课也是一节"活力"英语课。"活力课堂"注重让学生在活动中提升自身能力。这节英语课借助各种活动任务充分调动学生多种感官的参与，激发他们学习英语的兴趣和表达自我的信心。学生在合作拼图式阅读的活动中进行小组合作；在制作思维导图中参与探究自己的理想职业，开拓思维；在1分钟演讲中用英语表达自己的观点；在同伴互评中学会学习和反思。这些情境活动的创设处处充满活力（vigor），是一节名副其实的"活力课堂"。

第四章

"活力课堂"——读写课

第一节　基于话题整合教学材料的
"活力课堂"读写课

——人教版 Book 6 Unit 4 Global warming 读写课

一、读写结合、发表看法

《PISA 2018分析框架草案》中提出了将写作引入阅读测试，并据此设计了阅读测试题型，读写结合的读写课在英语教学中将占重要地位。学生在充分阅读文本的基础上，获取文本话题的语言知识和内容，阅读后的写作就会水到渠成。读写结合通常以单元主题或话题为主线，让学生阅读同一主题下的一篇或多篇阅读材料，这个阅读过程其实就是主题词汇、语法结构、语篇模式等语言积累的过程，为下一步同一主题的写作奠定语言基础，让阅读写作进行协同训练。读写结合、读后续写是一种把阅读和写作紧密结合的考查方式，话题是读与写整合的重要依据。同一话题下的阅读为写作提供了可模仿的语言，写作是在同一主题下的内容创新，让学习者更有效地准确使用语言。

二、Global warming读写课教学设计

课型定位：高二读写课

课题名称：人教版 Book 6 Unit 4 Global warming读写课

设计意图：基于高中英语文本阅读，提高学生写作能力；"活力课堂"教学思想

授 课 者：广东番禺中学彭琴

授课对象：广州市玉岩中学高二（15）班

授课时间：40分钟

1.学习难度预测

作为高二年级的学生，虽然完成了课本阅读部分的学习，积累了话题写作的一些短语及结构，但是无法在写作中有效输出，因此教师需要创设情境，鼓励并引导学生在话题写作中使用相应的短语及结构。

2.语言材料分析

本课是人教版选修6第4单元"Global warming"的读写课，充分运用"i-1"语言材料选材原理，选用外研社版必修3 Module 4 Sandstorms in Asia中"reading and vocabulary"以及北师大版选修8 Unit 22 Global Warming和Natural Disasters中的文段整合成一节读写课。本节课先让学生阅读相关话题的语篇，探究句子中表达因果关系的短语及结构，然后通过1-minute speech的口语活动展开话题讨论，课堂完成读后续写"Let's make a difference"中的段落写作，课后完成整篇作文。

3.教学目标

（1）引导学生通过阅读语篇，找出表达Global warming的原因和结果的名词。

（2）让学生通过对文本的探究，从词、句、段落的层面进行语言输入，以读促写。

（3）鼓励学生勇于表达自己的观点，让观点具有说服力，促进学生思辨能力的发展。

4.学习目标

（1）学生能够通过阅读语篇，找出表达Global warming 的原因和结果的名词。

（2）学生能阅读语篇，分析段落和语句，探究表达因果关系的方式。

（3）学生能够应用相关词汇、结构及句型来表达因果关系。

（4）学生能够在演讲和写作中运用所学话题词汇和表达观点的方式。

5. 教学过程（表4-1-1）

表4-1-1　教学过程步骤

教学步骤	设计目的
Step 1: Lead- in Get students to watch the video and lead in the topic "Global warming".	**目的：** 引入本节课的学习话题，核心词汇。
Step 2: Discovering Get the students to discover the expressions or structures which show cause and effect from the sentences from the reading. （1）All scientists subscribe to the view that the increase in the earth's temperature is due to the burning of fossil fuels like coal, natural gas and oil to produce energy. （2）It means that more heat energy tends to be trapped in the atmosphere causing the global temperature to go up. （3）They also agree that it is the burning of more and more fossil fuels that has resulted in this increase in carbon dioxide. （4）On the one hand, Dr Foster thinks that any trend in which the temperature increases by 5 degrees would lead to a catastrophe. （5）On the other hand, George Hambley states, "More carbon dioxide is actually a positive thing. It will make plants grow quicker; crops will produce more; it will encourage a greater range of animals — all of which will make life for human beings better."	**目的：** 在语篇中去发现因果关系的表达方式。 **目的：** 让学生阅读更多围绕Global warming这个话题的语篇，去发现这一话题中涉及因果关系的句子所使用的短语和结构，为后面的写作提供句型结构支架。
Step 3: Reading （1）Get the students to read two paragraphs to find more sentences concerning cause and effect and discover the expressions and structures used to show cause and effect. （2）Summarize the Expressions and structures used to show cause and effect. Expressions: due to, result in, lead to, as a result of, … Structures: -ing, Non-restrictive attributive clause, so … that … **Step 4: 1-minute speech** Get students to present a 1-minute speech in groups of four. What is the cause and effect of global warming? What measures shall we take to deal with it?	**目的：** 通过小组讨论和1-minute speech这种强制性语言输出的形式，促进学生思辨能力的培养，为下一步的写作输出提供内容素材。

续 表

教学步骤	设计目的
Step5: Writing Get students to write a letter of appeal "Let's make a difference", using the expressions and structures learned in reading.	目的： 要求学生合作写一篇作文，写作中要求学生使用本节课所学知识来表达因果关系，完成从语篇输入到语篇输出的整个环节。
Step6: Peer Assessment Ask students to exchange and give comments on their classmates' compositions according to the criteria.	目的： 让学生通过同伴评价，验证学习成果，通过欣赏同伴的作文，学会分享和积累更多相关话题和相关类型的语言知识。
Assignment Get the students to find more phenomena outside our school which contribute to global warming and write a letter to appeal to everybody to play their part.	目的： 让学生课后反思本课所学内容，写一篇完整的作文，举一反三

三、Global warming读写课学案

1. 学习思维导图（如图4-1-1）

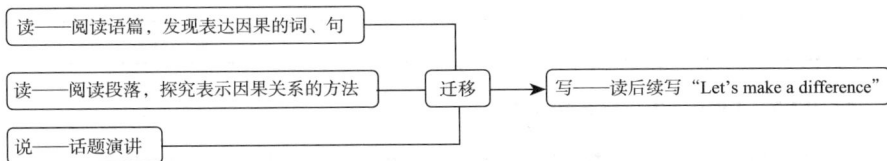

图4-1-1 思维导图

2. 学习活动

Activity 1

Read two paragraphs to find more sentences concerning cause and effect and discover the expressions and structures used to show cause and effect.

Paragraph 1 　　　　　　　　　（北师大版 Unit 22, Lesson 1）

A temperature increase of 1° F may not sound like a lot, but if we continue to produce carbon dioxide and other gases in such huge quantities, we are condemning life on Earth and should expect severe consequences. Recent reports warned that global warming will cause terrible climate changes including more frequent flooding, heat waves and droughts. Serious diseases will spread and industries that rely on nature such as fishing will be badly affected.Increased temperatures will also cause the polar ice to melt, raising sea levels and flooding many islands and cities.

Paragraph 2   （外研社版必修3 Module 4）

Sandstorms are strong, dry winds that carry sand. They are often so thick that you cannot see the sun, and the wind is sometimes strong enough to move sand dunes（沙丘）. The four main places in the world where there are sandstorms are Central Asia, North America, Central Africa and Australia. Ren Jianbo, from Inner Mongolia described a terrible sandstorm he experienced as a child in the desert. "To have been caught in a sandstorm was a terrible experience," he said. "There was nothing to be done. It was the most frightening and the most dangerous situation I've ever been in. You just had to hope you'd survive. I thought I was going to disappear under the sand."

表4-1-2　因果逻辑关系探究

Cause	Result	Expression/Link words

Activity 2 One-Minute Speech

What is the cause and effect of global warming? What measures shall we take to deal with it?

Peer Assessment: assess your peer's work according to the following criteria.

表4-1-3　**Peer Assessment**

What do you think of the work	Excellent（A）	Good（B）	Average（C）	Poor（D）
Cause and effect				
Link Expression				
Measures				

Activity 3 In-class writing task

假如你是来自2080年的未来人类，请针对全球气候变暖这一问题，以 "Let's make a difference"为标题，给现代的人类揭示当今问题与提出建议，并结合课堂内容，写以下内容：

（1）全球变暖的原因和后果。

（2）呼吁采取措施来应对。

写作要求：120词左右。

四、教学评价

这节读写课也是彭琴老师广州市"十二五"课题"基于高中英语文本阅读，提高学生写作能力的实证研究"的研究成果之一，由工作室成员吴茜老师主备，曾被评为部优课。本节课根据"活力课堂"教学思想，再次丰富了课堂内容，展示了一节"活力课堂"读写课，工作室成员高君杨老师、网络学员谭斌斌老师参与了本次教学设计和课件制作。本课受邀在广州市玉岩中学的教学开放日的活动中展示。

辛少芳撰写的研修日记如下。

广东番禺中学的彭琴老师运用i-1语言材料选材原理，把外研社以及北师大版的教材文段整合成一节读写课。彭老师一开始给学生播放了一段关于Global warming的视频，然后将学生分为cause and effect 两大组进行比赛，要求各小组找出导致Global warming的名词，一下就激发了学生的兴趣。接着彭老师以主题意义为引领，通过提问问题，从句子层面引导学生梳理文中关于cause and effect内容，并引导学生分析和总结句子中用到的linking structure。然后彭老师让学生阅读同个主题下的相关话题的语篇，对比分析文中表达因果关系的短语与结构，引导学生运用所学的linking structure从causes，effects and measures三个方面小组合作进行one-minute speech，鼓励学生勇于表达自己的观点。最后，课后布置学生完成"Let's make a difference"中的作文。

教研员郑艳萍老师用"amazing"和"impressive"来评价彭琴老师的这节活力阅读课，她觉得彭老师这节课不管放在哪里都是一流的，还开玩笑说怎么没有代表广州市去参赛。她说彭老师作为年轻的特级教师非常有个人魅力，语言非常地道，功底扎实，教态自然大方。虽然是借班上课，但彭老师的教师课堂用语有活力和感染力，很好地调动了学生积极参与课堂活动。而彭老师最精彩的部分在于利用文本对学生进行了写作微技能方面的培养以及1-minute speech的即时产出。

广东省名教师工作室主持人冯蔚清老师也对彭老师的这节课给予了很高的评价，她认为彭老师有以下几个突出的优点：课堂指令非常清晰；让学生回答时鼓励学生"Don't look at the book"；用"Flash"的方式引导学生来catch the key nouns；要求学生"Answer the questions in a complete sentence"以及每一部分的时间安排非常恰当合理，而这些优点与彭老师本身的教学理念是分不开的。冯蔚清老师指出用思维导图的形式分析话题的cause and effect，用不同版本教材的节选阅读文本拓展相同话题的阅读，加深和巩固了学生对课文的理解。虽然彭老师第一次接触学生，而且这个文科班的学生平时都比较内敛，但这节课学生们都在彭老师的带动下积极踊跃发言，特别是学生们在1-minute speech的表现令带班教师都很惊喜。

玉岩中学科组组长詹怀京老师认为在这节读写课中，彭老师的指令非常清晰到位，节奏感非常好，感觉听彭老师的课是一种享受。他指出彭老师这节课最精彩的部分在于她利用同一主题语境下的语篇让学生在最短的时间内达到最大的语篇输入。

第二节　基于思维品质培养的
"活力课堂"读写课
——A land of diversity 读写课

一、开拓思维，培养思维品质

思维品质指人的思维个性特征，反映其在思维的逻辑性、批判性、创新性等方面的水平和特点。作为核心素养的思维品质，既不同于一般意义的思维能力，也不同于语言能力核心素养中的理解能力和表达能力，而是与英语学习紧密相关的一些思维品质。在阅读中勾画思维地图（thinking map）能够帮助学生在阅读文本时理清语篇逻辑框架，层层分析，形成对阅读文本条理化、系统化的理解，实现阅读的思维化过程，有效地激发学生对阅读的深度思考，培养逻辑思维能力。阅读能力是由视觉感知、理解、记忆、联想、思维、推理和速度等多种能力组成的，阅读能力还表现为形象思维和抽查思维能力的结合。分析与综合是抽象思维的能力。读者通过读物呈现的情境、图表等表象进行阅读，是形象思维的能力。读者利用表象进行联想、想象，创造出读物中描述内容的形象，更有助于领悟读物的内容。阅读理解的过程是抽象思维和形象思维互动的过程。

二、Book 8 Unit 1 A land of diversity读写课教学设计

课型定位：读写课

教学资源：人教版Book 8 Unit 1、外研社版Book 3 Module 1、英国写作教材Successful Writing

设计意图：基于高中英语文本阅读，以读促说，以说促写，提高学生写作能力

授课时间：40分钟

授 课 者：广东番禺中学彭琴

授课对象：广东番禺中学高二（10）班

1. 文本解读

（1）主题意义

人教版Book 8 Unit 1的主题是 A land of diversity，在教材中，阅读语篇介绍了加州的历史及旧金山三日游的安排，学生学习后已对本单元主题有初步的理解。基于地点描写和推荐的主题对本节读写课进行了教材整合。本节课的阅读语篇选自英国写作教材*Successful Writing* Upper-Intermediate Unit 2 Describing places，介绍多元化城市伦敦，让学生通过阅读获得伦敦的位置和概述、著名景点的描述、伦敦游的活动等相关信息，感受作者对伦敦的热爱，感知极具魅力的国际都市——伦敦。本节课所选用的例句选自外研社版Book 3 Module 1 Europe， 介绍了欧洲著名城市威尼斯、伦敦、马德里、和罗马的地理、人口、面积等概况和文化活动。学生通过阅读这些异国地点的介绍能拓宽国际视野，培养优秀文化的认同感。围绕同一主题，让学生选择中国的地方进行1分钟演讲，选择广州作为写作的推荐地点，让学生以中国学生的视角推介中国，用英文讲述中国的故事，传播中国文化，在培养学生具有国际视野的同时，注重培养学生的家国情怀。

（2）文体结构

本节课的阅读语篇是一篇说明文，选自旅游宣传资料，其篇章结构是概况—景点介绍—旅游活动—推荐。文章的第一段向读者介绍了伦敦是一个国际化的大都市，引起读者的兴趣。第二段重点介绍伦敦的著名景点，内容点睛部分做了充分的解释。第三段重点推荐了伦敦游的几大活动，并举例说明。第四段再次推荐伦敦是一个具有历史感的特别的城市，并用名人名言提升推荐的说服力。全文是典型的从上而下的说明文结构，行文清晰，值得模仿。整节课的学习活动在六要素整合的英语学习活动观的指引下进行，基于主题，以语篇为依托，通过阅读学习理解语言知识和文化知识，通过语言探究的应用实践发展

语言技能，最后通过演讲和写作进行迁移创新，实现对语言的深度学习。

2. 学情分析

本班学生为理科普通班，英语基础整体一般，一些学生英语基础薄弱，自从开展"活力课堂"后，学生学习英语的兴趣日益增强。学生完成人教版Book 8 Unit 1两篇阅读的学习后，积累了一定的词汇和语法知识，已基本具备在同类阅读中获取细节信息的能力。但阅读的语篇分析能力比较薄弱，在高一时学习过人口、面积、历史等概括的地点描写，对景点和活动的描写停留在较浅的层面，不具说服力。因此运用读写课，整合其他教材和教学资源进行主题拓展，让学生学习用地道的英语推荐地点的方法，来激发学生的学习兴趣，用基于主题的语篇和语句的语言输入，激发学生说和写的内动力，让学生有话可说，有情可表。在学习活动方式上，体现教师的教学思想"活力课堂"（Vigor Class），在教学材料的整合上充分考虑"开拓思维"（Open your mind），运用Read and Find out的学习活动，进行"语言探究"（Involve yourself in discovering），在进行1-minute speech和writing时"表达观点"（Voice your opinions），模仿语言，创造内容，在1-minute speech时"小组合作"（Group together），在进行Peer assessment时让学生们互相评价作文，进行"反思评价"（Reflect what you have learned）。学习策略方面有新的学习目标，通过让学生观看视频和课后作业的制作英语视频，逐步培养学生看的能力（Viewing）。

3. 教学目标

在本课学习结束时，让学生能够：

（1）通过观看视频，用"Viewing"的方式阅读多模态语篇。

（2）通过阅读"地点推荐"类的语篇，探究该类语篇篇章、句子和词汇的文本特征。

（3）通过1分钟演讲、头脑风暴等口语活动，学会口头语言输出。

（4）通过相关主题的写作，实现新知识的迁移创新。

4. 教学难点

指导学生探究"HE"（Highlight-Explanation）Pattern内容点睛和充分解释的描述方式，并运用该方式进行"说"和"写"的活动。

5. 教学过程（表4-2-1）

表4-2-1　教学过程步骤

教学步骤	设计目的
Step 1 Lead- in （1）Get students to watch the video and answer: Which places are are mentioned? （2）Use the activity "Picture Flash" to lead in the topic of the reading.	**目的：** 首先介绍本节课的学习目标，然后通过观看视频和照片，让学生感知注意本节课主题，同时尝试看视频这类多模态语篇的阅读方式。
Step 2 Reading （1）Get students to read the passage and find out the topic of each paragraph. Paragraph 1: *introduction* Paragraph 2: *places to see* Paragraph 3: *things to do* Paragraph 4: *recommendation* （2）Get students to read and find out how the author explains "London has many impressive sights to see." Work with students to find out the explanatory methods of "HE".	**目的：** 让学生阅读语篇，归纳每段主题，让学生进行对知识的提取概括，让学生回答问题，在完善答案的过程中探究点睛内容和充分解释的方式，并通过匹配句子分析判断，初步运用解释的方式，为下一步的1分钟演讲提供结构支架。
（Highlight—Explanation）Pattern . Method 1: *listing specific words* Method 2: *giving an example* Method 3: *using famous sayings* （3）Get students to match the highlight and explanation. 1. b　　2. a　　3. d　　4. c	**目的：** 通过寻找替代词汇的活动，指导学生选择词汇的方式，通过头脑风暴的记忆检索活动，收集主题下的词汇，又为下一步的演讲搭建词汇支架。
Step 3 Brainstorming （1）Find out the similar words or chunks which can replace the following words . ① located in... : set in... ② special attractiveness: unique charm ③ beautiful places of interest: impressive sights ④ be famous for: be well-known for	**目的：** 通过小组合作进行1分钟演讲这种强制性语言输出的形式，强化文本篇章结构、词汇和句子的解释方式，促进学生思辨能力的培养。1分钟演讲的口语输出为下一步的写作输出搭建语言支架。

续 表

教学步骤	设计目的
⑤ have many things to choose from: the choice is enormous ⑥ a special place : an exceptional place （2）Brainstorm more words and chunks which can describe a land of diversity. **Step 4 Speaking** Get each group to determine one place to introduce and finish the 1-minute speech with the topic "a land of diversity" in groups of four. The assignment of each member of a group: Student A: general introduction Student B: sights to see Student C: things to do Student D: recommendation **Step 5 Writing** Get students to write a composition according to the contents and requirements 假如你叫李华，最近你的美国笔友Tony要来广州，请你为他设计广州一日游活动，帮助他体验中国传统文化。 请你写一封信告诉他你的安排，要点如下： （1）你们打算去的地方及理由。 （2）具体的活动安排。 **Step 6 Peer Assessment** Ask students to exchange and give comments on their classmates' compositions according to the criteria.	目的： 要求学生运用本节课所学知识，写一封回信，为朋友广州游，完成从语篇输入到语篇输出的整个环节，实现对本节课所学知识的迁移、创新。 目的： 让学生通过同伴评价，重点评价作文中的内容点睛和充分解释，验证学习成果。通过欣赏同伴的作文，学会分享和积累更多相关话题和相关类型的语言知识。 目的： 课后，让学生根据写作清单继续润色作文，让学生用英文介绍中国的一个地方，用英语讲述中国的事，培养学生的中国情怀和跨文化意识

What do you think of the work	Excellent（A）	Good（B）	Average（C）	Poor（D）
Highlight				
Explanation				

Assignment:

（1）Polish your compositions according to the checklist.

（2）Work in groups of four to create a video in English promoting a place in China.

附:

写作范文

Hi, Tony

I'm glad that you will come to Guangzhou soon. Here is my arrangement for your one-day tour in Guangzhou.

Guangzhou is an international city, attracting millions of tourists at home and abroad. It has many impressive sights to see, ranging from Chen clan temple to Baomo Garden. In this city of contrast, you can be walking along Beijing Road to feel the architectural style of the old buildings like sotto portico（骑楼）and local people's way of life. You will also enjoy visiting Baiyun Mountain to have a view of fascinating scenery.

As we all know, Guangzhou is a paradise of tasty food. The choice of delicious food is enormous. What impresses you most will probably be dim sum and rice noodles roll, which you surely will be addicted to at first taste. Guangzhou is a great cultural center too, where you can watch Guangdong Opera, which is typical art to reflect Cantonese traditional culture.

As for the reason why we go there, I think it can make you better experience why Guangzhou is called "a vigorous city", an truly exceptional city. I dare say you will never be tired of Guangzhou, as the nickname of Guangzhou is "Flower City".

Looking forward to your early reply.

Yours,
Li Hua

三、Book 8 Unit 1 A land of diversity 读写课学案

1. 学习思维导图（如图4-2-1）

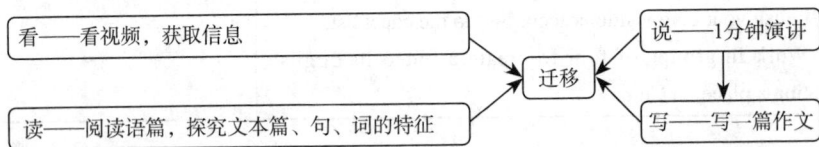

图4-2-1　思维导图

2. 学习活动

Activity 1: Viewing

Watch the video and answer: Which places are mentioned ?

Activity 2: Reading

Task 1: Read the passage and find out the topic of each paragraph.

表4-2-2　**The topic of each paragraph**

	Topic
Set in the heart of southern England, London is one of the biggest and busiest cities in Europe. A truly international city, London attracts millions of visitors every year from all over the world, yet never loses its own unique charm.	
London has many impressive sights to see, ranging from the historical beauty of St Paul's Cathedral and Big Ben to Buckingham Palace and the Houses of Parliament. In this city of contrast, you can be walking along one of the busiest streets, yet still be less than a mile from one of the many huge, peaceful parks. London is a great cultural centre, too; the National Gallery contains one of the finest collections of classical painting in the world.	
London is also well known for other things apart from its monuments and art galleries. Shoppers will enjoy visiting the department stores on Oxford Street or they could try Harrods, the most exclusive shop in London. For evening entertainment, the choice of theatres is enormous. From the famous Southbank Theatre complex to the smaller theatres of Covent Garden, there is no end of plays to see. Soho and its pavement of cafes are also worth visiting.	
London is an exceptional place, a truly modern city that has managed to keep its traditional style and sense of history. You may get exhausted in London, but one thing is certain; you will never get bored because, as Dr Johnson once said, "When a man is tired of London, he is tired of life."	

Task 2: Read and find out how the author explains "London has many impressive sights to see."

Explanatory methods of "HE" （Highlight-Explanation）Pattern

Method 1 ＿＿＿＿＿＿＿＿＿＿＿＿＿＿＿＿＿＿＿＿＿

Method 2 ＿＿＿＿＿＿＿＿＿＿＿＿＿＿＿＿＿＿＿＿＿

Method 3 ＿＿＿＿＿＿＿＿＿＿＿＿＿＿＿＿＿＿＿＿＿

Task 3: Match the highlight and explanation

表4-2-3　Highlight and Explanation

Highlight	Explanation
（1）Venice is the most romantic European city.	a. The Prado Museum has one of the world's biggest art collections and paintings by Picasso are exhibited at the Reina Sofia.
（2）Madrid is famous for its art galleries.	b. Newly married honeymoon couples love to go for a ride in a gondola（贡多拉，平底船）, a famous boat which is the symbol of the place.
（3）London is also an exciting modern city and a great entertainment centre.	c. The ancient city was the capital of the Roman Empire and tourists are especially attracted by the large number of ancient monuments.
（4）With a history of 2500 years, the Italian capital, Rome, is one of the world's richest historical cities.	d. Lots of musicals, plays, concerts and operas are created and performed in the theatres of the West End.

Activity 3: Brainstorming

Find out the similar words or chunks which can replace the following words.

Brainstorm more words and chunks which can describe a land of diversity.

（1）located in:

（2）special attractiveness:

（3）beautiful places of interest:

（4）be famous for:

（5）have many theatres to choose from:

（6）a special place:

Activity 4 : 1-minute Speech

Topic: A land of diversity

Requirement: Each group determines one place to introduce and finish the speech in groups of

Activity 5: Writing

假如你叫李华，最近你的美国笔友Tony要来广州，请你为他设计广州一日游活动，帮助他体验中国传统文化。

请你写一封信告诉他你的安排，要点如下：

（1）你们打算去的地方及理由。

（2）具体的活动安排。

写作要求：

（1）字数约100词，书信的开头、结尾已给出，不计入总词数。

（2）为使行文连贯，可适当增加内容。

Hi, Tony

I'm glad that you will come to Guangzhou soon. Here is my arrangement for your one-day tour in Guangzhou.

Looking forward to your early reply.

Yours,

Li Hua

Activity 6: Peer Assessment

Exchange and give comments on your peer's paragraph.

表4-2-4　Peer Assessment

What do you think of the work	Excellent （A）	Good （B）	Average （C）	Poor （D）
Highlight				
Explanation				

Assignment:

（1）Polish your compositions according to the checklist.

（2）Work in groups of four to create a video in English promoting a place in China.

四、教学评价

工作室成员钟惠贤老师评课：

彭琴老师这节读写课打破了传统英语阅读课上课的思路和方法，教学设计巧妙自然，有新意。本节课以彭琴老师去英国旅游的分享与见证直接给予视觉上的导入，结合介绍英国视频，直接切入主题。教学内容上，彭老师除了人教版教材的文章外，还选取了外研社版教材和英国写作教材，基于地点描写和推荐主题进行了多元的篇章整合，丰富了阅读材料的深度和广度，充分考虑开拓思维。在阅读中，体现了彭老师的教学思想，运用Read and Find out的学习活动和HE模式，进行语言探究，不仅收集主题下的词汇，还增强了学生对文本的概括、提炼能力，为下一步的演讲搭建词汇支架。彭老师课堂最精彩的地方是1分钟演讲，通过小组合作1分钟演讲这种强制性语言输出的形式，使学生强化了文本篇章结构、词汇和句子的解释方式，模仿语言，创造语言，为后面的写作输出做好准备。接着，彭老师设计了美国笔友来广州旅游，让学生设计广州一日游活动安排的任务输出，既深化了主题，又激发了学生对本土文化的探究与热爱，注重培养学生的家国情怀。写作完成后，彭老师让学生进行同伴评价，重点评价作文中的点睛之处并给予解释，验证了学习的成果。同时，学生通过欣赏同伴的作文，学会了分享和积累更多相关话题和相关类型的语言知识。

第三节　基于文本解读的"活力课堂"读写课

——Travel and transport 读写课

一、参与探究，解读文本

提升学生的文本阅读能力是培养学生学科核心素养的重要途径。基于核心素养培养的文本解读不再局限于文本提供的新的词汇、句型和语法知识，应该充分挖掘文本的主题内涵，升华主题的育人价值。在文本解读的方式方面要避免语言能力碎片化，采取从语篇整体解读入手，层层解读文本的方式，也就是Goodman, K.S.提出的自上而下（top-down）的阅读模式，从综合到分析、整体到部分，按照语篇、句子、词组、单词、字母的顺序，完成从高层次到低层次的阅读加工方式。例如，首先解读文本的写作目的、写作对象、语篇类型及语篇构成的方式等，然后解读文本在词汇、句子、段落等方面的语言修辞，在文本解读过程中充分融合主题、语篇、语言知识、文化知识和学习策略六要素的目标培养。

二、Travel and transport读写课教学设计

课型定位：高二英语综合技能课

话题名称：《新课标》话题16 Travel and transport

教学资源：北师大版高中英语Module 3 Unit 9 Return of the white bikes!和《2017共享单车与城市发展白皮书》英文版

设计意图：研学后教，语言输入与语言输出紧密结合，以读促说，以说促写，提高学生的"读""说""写"的能力。

授 课 者： 广东番禺中学彭琴

授课对象： 广东番禺中学高二（20）班

授课时间： 40分钟

1. 文本解读

（1）主题意义

阅读语篇*Return of the white bikes!*中介绍了阿姆斯特丹 "白色自行车"的发展历程。在20世纪60年代推出的"白色自行车"是世界上公认最早的第一代城市公共自行车。经过多年的努力，阿姆斯特丹由一个汽车城市变成了如今的自行车王国。《2017共享单车与城市发展白皮书》通过上篇、中篇、下篇分别介绍了"自行车回归城市"。"骑行改变城市""市民参与文明城市共建"，这两个文本都能引发学生思考：汽车的发展一方面给我们的生活带来了很多便利，另一方面也引发了交通拥堵、环境污染、能源短缺等问题，相比之下，自行车有哪些优势？让学生提高绿色出行、低碳出行的环保意识。

（2）文体结构

阅读语篇*Return of the white bikes!*是说明文，其篇章结构是问题—解决模式和比较—对比模式相结合。文章的第一段向读者介绍了阿姆斯特丹是个"自行车之城"，引入了话题，引起读者的兴趣。第二段讲述20世纪60年代第一次推行"白色自行车"计划，存在诸多问题并以失败告终。第三段讲述30年后"白色自行车"回归，经过改良，解决了之前的问题并最终取得成功。在第三段开篇用"However"这个转折词，提醒读者本段与上文是对比的关系，比较30年前"白色自行车"计划的失败和30年后"白色自行车"回归的成功。第四段讲述这个计划成功后给阿姆斯特丹及世界其他地区带来的影响。《2017共享单车与城市发展白皮书》文体结构独具特色，通过大量的数据和图表介绍共享单车一年的发展历程。

（3）语言修辞

阅读语篇*Return of the white bikes!*中多次使用连词"because"和连接副词"therefore""however"，明确句子之间的因果关系或转折关系，使用时态的变化暗示"白色自行车"的发展历程。作者通过"benefits""thanks to""enjoying"等词汇，表达自己非常赞成和欣赏阿姆斯特丹推行使用自行车的做法。《2017共享单车与城市发展白皮书》则使用大量的调查数据解释和例证共享单车给人们的生活方式、城市发展带来的好处。

2. 学情分析

本班学生英语基础较好，学习态度认真，完成人教版教材的学习后，积累了一定的词汇和语法知识，已基本具备在阅读中获取细节信息的能力，基本掌握给阅读画思维图的技巧，但阅读的语篇分析能力有待提高，还需要培养看"白皮书"类英语文本的能力。因此整合其他教材和教学资源进行话题拓展，能激发学生的学习兴趣，以话题为中心的语言输入能促使学生说和写的内动力。本课的主题"自行车"和人教版Book 8 Unit 1 A land of diversity均属于课标话题16Travel and transport，而且与学生生活紧密相关，因此，学习和讨论阿姆斯特丹"白色自行车"的发展历程，讨论中国共享自行车的情况，一定会在学生中引起很大的共鸣，让学生有话可说，有情可表。

3. 教学目标

在本课学习结束时，让学生能够：

（1）通过阅读了解阿姆斯特丹"白色自行车"产生、消失、回归的发展历程，了解共享单车给人们生活带来的改变，培养"读"和"看"的能力。

（2）了解使用机动车对社会和环境带来的危害，提高绿色出行、低碳出行的环保意识。

（3）通过小组阅读思维图的展示，实现语篇知识的图示，培养思维品质。

（4）通过头脑风暴、1分钟演讲、段落写作的活动进行相关话题的语言输出，内化所学知识，实现新知识的迁移，培养 "说"和"写"的语言能力。

4. 教学难点

指导学生分析语篇的段落结构，并运用该结构进行"说"和"写"的活动。

5. 教学过程（表4-3-1）

表4-3-1　教学过程步骤

教学步骤	设计目的
Step 1: Lead- in （1）Introduce the aims of this lesson. （2）Use some pictures to lead in the topic of this lesson.	**目的：** 首先介绍本节课的学习目标，学会阅读关于"自行车"的阅读语篇和文本，口头表达相关话题，写出相关内容。运用阿姆斯特丹的图片激发学生兴趣，引入本节课话题：单车的交通方式。
Step 2: Speaking Get students to share their thinking maps of the reading passage.	**目的：** 课前让学生自主研学阅读语篇*Return of the White bikes*，小组合作完成阅读思维图，之后在课堂上与其他小组分享，既是对阅读的语言输出，又能展示小组学习成果，培养自主学习能力和合作精神。
Step 3: Reading （1）Get students to read Paragraph 2 and circle the subject of each sentence and underline the main verbs of each sentence. （2）Help students to analyse the discourse of Paragraph 2. （3）Get students to answer two questions What was the problem? What's the relationship between Paragraph 2 and Paragraph 3? （4）Go through 2017 White Paper of Bike-sharing and the city.	**目的：** 让学生再次阅读第二段，通过标出每句的主语和谓语动词，启发学生分析"IPM"（Idea-Purpose-Measure）的段落结构，为下一步的1分钟演讲提供结构支架。通过回答两个问题，为谈论"摩拜单车使用中的问题和事物发展类写作"提供隐性的语言输入。与学生一起浏览《2017共享单车白皮书》，检查学生小组课前研学的效果，为描述"共享单车在中国的使用情况及带来的变化"搭建词汇和内容支架。

教学步骤	设计目的
Step4: Speaking （1）Get students to have non-stop brainstorming about "What can we do to protect the mobikes?" （2）Let students take turns to give a 1-minute speech in their groups according to the SEE structure or IPM structure. （3）Get three students to make a 1-minute speech presentation in class.	**目的：** 通过头脑风暴的活动，收集保护摩拜单车的措施，既是IPM结构的运用，又为下一步的演讲提供语言输入。通过1分钟演讲这种强制性语言输出的形式，促进学生思辨能力的培养。1分钟演讲的口语输出为下一步的写作输出搭建语言支架。
Step5: Writing Get students to write a paragraph according to the contents and suggested structure. Student A, Student C: 共享单车给中国带来的变化 （建议使用SEE结构） Student B, Student D:共享单车在中国的使用情况及建议 （建议使用IPM结构）	**目的：** 让学生通过同伴评价，验证学习成果，培养语篇意识。通过欣赏同伴的作文，学会分享和积累更多相关话题和相关类型的语言知识。

Step6: Peer Assessment

Ask students to exchange and give comments on their classmates' compositions according to the criteria.

What do you think of the work	Excellent（A）	Good（B）	Average（C）	Poor（D）
Statement/Idea				
Explanation/Purpose				
Example/Measure				

目的：
要求学生运用本节课所学知识，写一篇主题为 "Bike-sharing in China" 的作文，内容包含摩拜单车的现状和未来，与阅读语篇 *Return of the white bikes* 的语篇模式相照应，完成从语篇输入到语篇输出的整个环节。写作的任务设计真实，让学生用英语讲述中国的事，培养学生的中国情怀和跨文化意识

Assignment：

Get students to write a passage with the topic "Bike-sharing in China" to help foreign young people enhance the understanding about China.

"共享单车"是外国青年关注的"中国关键词"之一，请以"Bike-sharing in China"为主题，用英文写一篇文章，帮助外国青年了解中国

三、Travel and transport读写课课前研学材料

（1）阅读语篇*Return of the white bikes!*

研学任务：每人一份材料，独立阅读语篇，四人小组分工合作，完成阅读的思维图。课堂展示思维图，再进行深度阅读，分析语篇结构。

（2）《2017共享单车与城市发展白皮书》英文版

研学任务：每个小组一份，首先轮流阅读，获取相关信息，摘抄关键词汇和语块，做好口语和写作的词汇和内容积累。

Return of the white bikes!

People have been enjoying the benefits of cycling in Amsterdam for years. It is a good city for cycling because it is flat and therefore convenient for bikes. There are also plenty of places for bicycle parking and most streets in the city centre have a bicycle path. Today some people call Amsterdam the "City of Bicycles" because of the convenience for bicycles there.

In the 1960s, a group of cycling fans had an idea. They believed that it would be better for everybody if cars weren't allowed in the city centre and only bicycles were. They were hopeful that this would help to save energy, reduce pollution and provide free public transport. The group painted hundreds of bicycles white and placed them in lots of neighbourhoods around Amsterdam for people to use. Anyone was allowed to take them and use them for short journeys. Wherever someone finished a journey they would leave the bike there for someone else to use. The problem was that it didn't work — thieves took all bicycles within weeks!

However, more than thirty years later, the "white bike" is back in town---this time with a computer chip to record its every move! To take a bicycle you have to insert a special card. The new "white bike" is not actually white but is an unusual design with bright colors. The bikes are parked at special parking places and people who want to use them have to take them to another special parking place that has enough room.

There is already less traffic in central Amsterdam, because both locals and tourists have been using the white bikes. Indeed, thanks to the ideas of lots of people, like the cycling fans in the 1960s, many people around the world have been enjoying city centre streets without cars for many years.

四、教学评价

工作室成员辛少芳老师的课堂评价：

彭琴老师的这节高二英语综合技能课Travel and transport通过阅读语篇 *Return of the white bike*！以读促说，以说促写，提高学生的"读""说""写"的能力。课前彭老师让学生自主研学阅读语篇，小组合作完成阅读的思维图，完成一系列分析和理解类的问题，识别文本结构以及观点之间的联系，培养自主学习能力和合作精神，同时学生分享能够迅速活跃课堂气氛。

为了让学生更好地解读文本，彭老师通过以下一些问题引导学生思考：

Do we have something like the white bike in our city?（创造类问题）

What is the problem?（分析类问题）

What can we do to protect the mobikes?（创造类问题）

其中，创造类问题激活已有的知识背景和激发学生的阅读兴趣。读中阶段的分析类问题和理解类问题是为了理解文本的结构、意义和功能，并为读后的写作活动做铺垫。读后阶段的创造性问题，超越文本的内容，联系学生的生活体验，推动其写作能力的发展。通过这些问题的回答和分析，为下一步的1分钟演讲搭建了语言支架。同时，彭老师用精简"IPM"帮助学生分析段落结构，同时为下一步的1分钟演讲提供结构支架。让学生通过同伴评价验证学习成果，培养语篇意识，这是比较高阶的评价类问题。最后要求学生运用本节课所学知识解决实际存在的问题，写一篇主题为"Bike-sharing in China"的作文，完成从语篇输入到语篇输出的整个环节，达到知识的迁移，让学生用英语讲述中国的事，培养学生的中国情怀和跨文化交流意识。这也属于创造类问题，有利于培养学生的创新思维和文化意识。

总而言之，彭老师整节课以交通为主题意义，通过语篇创设真实的语境，在课堂中创设各种小任务和问题，包括记忆类问题、理解类问题、推断类问题、分析类问题（比如概括文本大意、识别文本结构、识别观点之间的联系、分析作者的写作意图）、评价类问题（表达个人观点并论证其合理性）、创造类问题（预测信息、解决问题、读后续写、读后仿写、读后创写），有效地培养了学生的思维品质。各个环节都以学生为主体，学生在老师的引导下，积极参与小组合作、个人回答、全班齐答等活动，有效地培养了学习能力和文化意识。课堂上学生们的表现让整节课充满活力，特别是小组分享、1分钟演讲、小组评价等无不体现了彭老师的"活力课堂"的魅力。

第五章

"活力课堂"——写作课

第一节　基于RSW写作课教学模式的
"活力课堂"写作课

——人教版 Book 2 Unit 5 Music 写作课

一、Music 写作课教学设计

课型定位：高一读写课

课题名称：人教版 Book 2 Unit 5 Music 写作课

设计意图：基于高中英语文本阅读，提高学生写作能力

授 课 者：广东番禺中学彭琴

授课对象：广东番禺中学高一（20）班

授课时间：40分钟

1. 学习难度预测

作为基础年级阶段的学生，普遍对写作存在畏惧心理，虽然完成了课本阅读部分的学习，积累了话题写作的一些词汇，但是在写作中表达观点的动机不强，给出的观点往往没有说服力。教师需要创设情境，鼓励学生表达观点，在写作中学会拓展主题句、论证观点。

2. 语言材料分析

本课是人教版选修2第5单元"Music"的写作课，是充分运用"i-1"语言材料选材原理，选用外研社版Module 1 My first day at Senior High中*Club activities*语篇、人教版Book 2 Unit 5 Learning about language中用介词+关系代词引导的定语从句下定义的语法功能和2013年广州市水平测试的作文"Music in my life"整合成的一节写作课。首先让学生阅读相关类型的语篇，探究下定义

或描述事物分析的方式，然后分析语篇的段落结构，探究观点论证手段，最后一分钟演讲一个有说服力的段落，完成作文"Music in my life"。

3. 教学目标

（1）引导学生通过阅读语篇，分析段落和语句，探究观点论证手段，即下定义、描述事物分析的方式，并运用这些策略。

（2）鼓励学生勇于表达自己的观点，让观点具有说服力。

（3）培养学生逻辑思维的思辨能力。

4. 学习目标

（1）学生能够阅读语篇，分析段落和语句，探究观点论证手段，即下定义、描述事物分析的方式。

（2）学生能够在演讲和写作中表达观点和论证观点。

（3）学生能够学会通过阅读语篇模仿写作的学习策略。

5. 教学过程（表5–1–1）

表5–1–1　教学过程步骤

教学步骤	设计目的
Step 1: Lead- in （1）Use the activity "Picture Flash" to lead in the topic of the reading （2）Use the activity "Brainstorm" to urge students to predict the aspects in the reading passage.	**目的:** 运用Picture Flash和Brainstorm的活动激发学生兴趣，引入阅读和写作话题。
Step 2: Reading （1）Get students to read the passage and prepare to answer two questions *Q1: What are the school clubs ?* *Q2: Why are the club activities important?* （2）While checking the answer of the first question, get students to discover the methods of giving definitions and descriptions. Get students to use the methods to match the items and definitions. （3）While checking the answer of the second question, get students to find out the statements with explanations and examples. Get students to analyse the "SEE" （Statement-Explanation-Example）structure.	**目的:** 让学生阅读语篇*Club activities*，回答问题，在完善答案的过程中探究下定义和描述事物的方式，并通过匹配练习巩固定语从句的语法功能，分析段落，探究论证观点的方式：SEE structure，为下一步的1分钟演讲提供结构支架。

教学步骤	设计目的
Step 3: 1-minute speech （1）Discussion Get students to discuss in groups about the explanations and examples according to the statement. （2）Get each student to give 1-minute speech according to the SEE structure. （3）Get Student A and Student C to present their 1-minute speech in their group. （4）1-minute speech presentation in class.	**目的：** 通过小组讨论强化解释和举例为观点服务的重要性。通过1分钟演讲这种强制性语言输出的形式，促进学生思辨能力的培养。1分钟演讲的口语输出为下一步的写作输出搭建语言支架。
Step4: Writing Get students to write a passage with the topic "Music in my life". Possible version: Music is one of the most important parts of life in my mind. It's something that can inspire me, give me comfort and bring me closer to others. *Music influences my life in many different ways. To begin with, music is something that helps me remain calm and relax when I'm stressed. If I can't sleep because of study pressure, then I just put on my favorite CD and my anxiety will melt away. Music is also something I share with others. My friends and I love talking about our favorite bands and singers, listening to their latest songs together and even singing along. I have even made many new friends through a shared interest in the same music.* *Music is 'the food of life' to me. I love music.*	**目的：** 要求学生运用本节课所学知识，写一篇题为 "Music in my life" 的作文，写作中要求学生用SEE structure，完成从语篇输入到语篇输出的整个环节。
Step5: Peer Assessment Ask students to exchange and give comments on their classmates' compositions according to the criteria. 	What do you think of the work	Excellent （A）	Good （B）	Average （C）	Poor （D）
---	---	---	---	---
Statement				
Explanation				
Example				| **Assignment** Write a passage with the topic "Internet in my life" or "Sports in my life".	**目的：** 让学生通过同伴评价，验证学习成果，通过欣赏同伴的作文，学会分享和积累更多相关话题和相关类型的语言知识。 **目的：** 让学生课后反思本课所学内容，写一篇相同类型的作文，举一反三，写作话题为本学期话题，让学生在写作中使用最近输入的语言

二、Music 写作课学案

1. 学习思维导图（如图5-1-1）

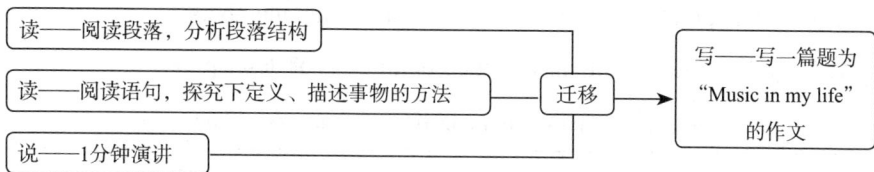

图5-1-1　思维导图

2. 学习活动

Activity 1：Read the passage fast and answer:

Q1: What are the school clubs ?

Q2: Why are the club activities important ?

Club Activities

Club activities after class hour are an important part of our school life. There are a number of sports and cultural study clubs that students may join. These school clubs are the places in which students can develop their interest and show their talents. Our school has the following sports clubs: football, volleyball, basketball, handball, hockey, tennis, badminton, gymnastics, judo（柔道） and kendo（剑术）. They take place in the school gym or the school playing fields. There are also cultural activities such as the school orchestra, the school choir（合唱队） and dance clubs. The students organize all the clubs themselves without the help of teacher. The clubs meet two to four times a week after school. Sports coaches and club leaders are often school graduates who come back to help.

Many students feel that club activities are the most enjoyable part of Senior High School life. When we asked students in our school the question: "What interests you most in daily life?" These were their answers: Classes: 28%; Teachers: 24%; Club activities: 38% and others 10%.

Young people spend a lot of time together in club activities and they often become true friends. These friendships often last a long time after graduation. Some become life-long friends. In China , there is a popular belief that true friends are people who have had similar life experiences. Many graduates say that their best memories of Senior High School are the days they spent in the mountains during the summer vacation, practicing and training with other club members.

Activity 2：Match the items and their definitions or descriptions

表5-1-2　**Items and their definitions or descriptions**

Item	Definition/Description
（1）A dictionary is （2）A library is （3）Friendship is （4）Cycling is	a. something important in our life, without which we would suffer from loneliness. b. a book that gives you the meaning of words. c. a building from which people can borrow books to read. d. a sport that bring a lot of benefits to our health.

The methods of giving definition and description:

_____

Activity 3：Find out the statements with explanations and examples

The structure of making the statement more persuasive is called _____

Activity4：1-minute Speech

Activity5：Writing

你校的英语校刊举办征文活动，主题是"Music in my life"。请用英文写一篇短文投稿，以下是短文的内容要点：

（1）在你心目中，音乐是什么？

（2）请举例说明音乐在你生活和学习中的作用。

写作要求：

文章需包含以上两项内容要点，可适当增加要点；字数约120词。

Activity 6 : Exchange and give comments on your peer's paragraph.

表5-1-3　Peer Assessment

What do you think of the work	Excellent （A）	Good （B）	Average （C）	Poor （D）
Statement				
Explanation				
Example				

Assignment: Write a passage with the topic "Internet in my life" or "Sports in my life".

三、教学评价

该节课是广州市教育规划名师专项课题 "基于高中英语文本阅读，提高学生写作能力的实证研究"的研究成果，课题组成员听课后做了以下教学评价。

教学材料整合创新之处：本课是人教版选修2第5单元"Music"的写作课，是充分运用"i-1"语言材料选材原理，精选外研社和人教版相关话题的语篇和语法，与广州市水平测试的作文"Music in my life"整合成的一节写作课。

教学环节创新之处：在阅读与小组之间设计口语活动——1分钟演讲。通过1分钟演讲这种强制性语言输出的形式，促进学生思辨能力的培养。1分钟演讲的口语输出为下一步的写作输出搭建语言支架。

教学效果评价：从阅读语篇引入，进行语言输入，探究下定义和描述事物的方式，并通过匹配练习巩固定语从句的语法功能，分析段落，探究论证观点的方式为SEE structure，然后进行1分钟演讲，进行口头语言输出，在演讲后再进行写作，环环相扣，让写作水到渠成，让学生有话可说。整节课完成了从语言输入到语言输出的全过程，学生优秀的习作充分证明了本节课的高效。阅读与写作间的1分钟英语演讲能激发学生的英语学习兴趣，使英语课堂充满活力。习作的同伴互评有点匆忙，如果在习作的同伴批改过程中能集中在本堂课的重点而不是面面俱到，本节课的反馈作用就更好了。

第二节　基于高阶思维培养的
"活力课堂"写作课
——Health建议类写作课

一、反思评价，培养思辨能力

在新课标中，思维品质和语言能力、学习能力、文化意识一起被列为英语学科核心素养的关键要素，在思维品质培养中，高阶思维能力的培养尤为重要。批判性思维（Critical Thinking）是一种高层次的高级思维，陈则航、邹敏提出："批判性思维是对事物或观点的判断，是找寻信念或者假设的依据，是结论的合理推导。批判性思维是有目的的诠释、分析、评估和推论。"文秋芳认为，分析、推理与评价是批判性思维认知维度的三项核心技能。教师通过批判性阅读让学生获悉思辨主题，理解文本的思辨方式，运用分析、评价、例证、推断等多种批判性思维方式，在对文本深刻理解的基础上，形成自己的观点，从而培养思辨能力。例如，"活力课堂"活动中的10分钟辩论活动让学生通过辩论深度思考所辩论的问题，在小组头脑风暴中聆听同一角度他人的观点，在辩论中接触他人的观点，并有理有据地表达自己的观点，既能拓展思维的广度和深度，又能培养学生合作、开放、兼容的心态。

二、Health建议写作课教学设计

单　　元：Book 6 Unit 3

话　　题：Health

写作类型：建议类

课型定位：高二英语读写课

教学资源：人教版Book 6，外研社版Book 2，英国写作教材*Successful Writing*

Upper-Intermediate

设 计 者：广东番禺中学彭琴

设计意图：基于高中英语文本阅读，提高学生写作能力

授课对象：广东番禺中学高二（13）班

教学设计内容：

1. 教学目标

Teaching goals:

（1）Knowledge

Suggestions, explanations and reasons.

The sentence patterns giving suggestions.

（2）Ability

Students can use key nouns to summarize sentences and passages.

Students can expand sentences.

Students can write a reply, offering advice.

（3）Emotion

Cultivate the spirit of cooperation, self-teaching, and self-exploring.

Teaching methods:

Task-based teaching, explorative and cooperative learning, consulting dictionary.

Teaching aids :

The multimedia computer, Casio Dictionary.

2. 教学重难点

（1）How to use explanation and reasons to support advice

（2）How to give advice

3. 教学过程（表5-2-1）

表5-2-1　教学过程步骤

教学步骤	设计目的
Step 1：Lead- in Read the English sayings and share more new ideas about health.	**目的：** 引出话题"健康"，通过Casio 中"健康新解"的分享，激发学生的学习兴趣。
Step 2：Reading Ⅰ Task 1: Skimming Task 2: Fill in the blanks using the sentences from A to D. Key: CBDA	**目的：** 训练学生快速阅读和用关键名词总结文段的能力，通过选句填空练习，体会建议后需要有充分的解释和理由支撑。
Step 3：Matching Match the suggestions（1~4）with the explanations / reasons（A~D） Key: BCDA	**目的：** 再次通过匹配练习巩固主题句和扩展句的关系，同时引出下一步的"建议句型"。
Step 4：Reading Ⅱ Task1: Underline the sentence patterns giving suggestions and replace them with other similar expressions. Task 2: Paragraph Plan	**目的：** 让学生阅读获得表示"建议"的句型，并学会用多种表达方式，介绍建议信的篇章结构。
Step 5：Pre-writing Discussion: Discuss the advice to help your friend. Brainstorming: Brainstorm words and expressions about health from Book 6 Unit 3 and Casio Dictionary.	**目的：** 小组讨论帮助朋友的建议，头脑风暴激起写作的词汇储备。
Step 6：Writing Choose one of the following situations and, using appropriate expressions, write a letter of advice using about 120 words.	**目的：** 设计真实情境让学生写建议信，运用表示"建议"的句型，充分的解释、理由和建议信的篇章结构。
Step 7：Assignment Study the following situations and, using appropriate expressions, offer advice to each person.	**目的：** 巩固课堂所学内容

三、Health建议写作课学案

单元： Book 6 Unit 3

话题： Health

写作类型： 建议类

Step 1: Lead- in

Read the English sayings and share more new ideas about health.

（1）You are what you eat.

（2）Healthy mind in a healthy body.

（3）Early to bed, early to rise makes a man healthy, wealthy and wise.

（4）An apple a day keeps the doctor away.

Step 2: Reading Ⅰ

Task 1: Skimming

Task 2: Fill in the blanks using the sentences from A to D.

Stop Smoking Now—We Can Help!

In almost every US city and town, there are local organizations to help people stop smoking. Participants learn to recognize smoking triggers（things that start them smoking）and they try to set a date in the future when they will stop smoking.

One of the most popular and successful is the California Smokers Helpline. Here is an extract from one of their leaflets

When you really want a cigarette, try the four Ds:

（1）Delay: Look at your watch and wait for a couple of minutes. _____

（2）Distraction: Whatever you're doing when you want to smoke, do something else! _____

（3）Drink water: If you drink water, you reduce the need to have something in your mouth.

（4）Deep breathing: Breathe in slowly and deeply. Count to five when your lungs are full. Then, breathe out slowly. Repeat several times.

And here are some ideas to help people to give up smoking:

（1）Make a plan: Make a list of friends who smoke and places where you smoke. Don't see those people and don't go to those places!

（2）Set a date when you're going to stop: _____

（3）Keep busy: Instead of smoking, make a phone call, take a short walk, or talk with a friend.

（4）Develop new interests: _____

（摘选自外研社英语教材Book 2）

A: Exercise, walking, biking, jogging, swimming, or taking a gymnastic class—helps you to forget about cigarettes.

B: For example, if you are alone, find some one to talk to. If you're sitting down, take a short walk.

C: If you can wait two minutes, you won't want to smoke.

D: Choose a time when you will be relaxed but also too busy to think about smoking:

Step 3: Matching

Match the sentences（1～4）with the explanations（A～D）

（1）You should take a break from study sometimes （   ）

（2）It's not a good idea to eat too much before you play sport （   ）

（3）It's a good idea to learn some relaxation exercises （   ）

（4）Don't study all night before an exam （   ）

This will help you to calm down when you feel bad-tempered.

If you don't, it is quite probable that you will get dressed.

You could get a stomachache.

If you do, you will find it very hard to concentrate on your exam the next day.

Step 4: Reading Ⅱ

Task1: Underline the sentence patterns giving suggestions and replace them with other similar expressions.

Task2: Paragraph Plan

Paragraph 1: _____

Paragraph 2: _____

Paragraph 3: _____

Paragraph 4: _____

Dear Stephanie,

Thanks for your letter asking me for advice about how to lose weight. I was sorry to hear that you're feeling depressed. I'm sure your problem isn't as serious as you say it. You always did exaggerate!

The best advice I can give you is to choose one diet and really stick to it for a couple of months; it's pointless trying lots of different ones which only last a few days, as you've discovered! If I were you, I would go on the same diet I went on: I've sent you the information booklet. The most important thing to remember is to eat plenty of fruit and vegetables and to exercise regularly.

Why don't you join the basketball team? I know how much you love basketball. Also, once you start losing weight you should give yourself little rewards, like a visit to the hairdresser or a new dress. That way you'll probably find that you won't think about food so much.

If you follow my advice, I'm sure you'll be back in shape in no time. Anyway, let me know how it goes.

（摘选自*Successful Writing* Upper-Intermediate）

表建议的句型：

_____

_____

_____

_____

Step 5：Pre-writing

Discussion: Discuss the advice to help your friend.

Brainstorming: Brainstorm words and expressions about health from Book 6 Unit 3 and Casio Dictionary.

Step 6：Writing

Choose one of the following situations and, using appropriate expressions, write a letter of advice using about 120 words.

（1）Your friend wants some advice on how to deal with stress.

（2）Your friend often has a cold and asks you for advice.

（3）Your friend needs advice on how to live a healthy life.

（4）Your friend can't sleep well and asks you for advice on what he should do.

Step 7：Assignment

Study the following situations and, using appropriate expressions, offer advice to each person.

四、教学评价

工作室成员梁颖琪老师的课堂评价：

阅读是语言输入的主要途径，也是写作的基础。通过阅读，学生可以积累词汇、遣词造句、谋篇布局、积累素材。彭老师这节基于高中英语文本阅读的建议信写作课，很好地贯彻了"以读促写、以写促学"的教学理念。在课堂实施过程中，彭琴老师通过Casio中"健康新解"的分享，引出"健康"这个话题，激发学生的学习兴趣，学生快速阅读文本，用关键名词总结文段，通过选句填空练习，让学生体会建议后需要有充分的解释和理由（reasons and explanations）支撑。再通过匹配练习巩固主题句和扩展句的关系，引导学生从文本中找出how to offer advice的句型句式，并学会用多种表达方式进行替换练习，进而让学生概括出建议信的框架为：第一段Express understanding，第二、三段Suggestions and reasons，第四段Express encouragement，学生通过讨论分析学会了写建议信如何进行谋篇布局。最后，让小组讨论如何帮助朋友的一些建议，用brainstorm的模式激起写作的词汇储备，并且完成写作任务——选择topic

给朋友提建议。从句到段到篇，层层递进，帮助学生积累词汇素材、遣词造句、谋篇布局，给学生提供写作输出的脚手架。本节课让学生在小组合作的学习活动中，体验了"活力课堂"、快乐学习的过程，体现了以学生为主体、以学生的发展为本的教学理念，这也是"活力课堂"教学思想的精髓。彭老师精心设计形式多样的课堂活动，跳出"一言堂"的旧有模式，注重对学生动机、兴趣、信心等非智力因素的培养，加强了师生互动、生生互动，让课堂动起来、活起来，调动了学生的学习主观能动性，给学生提供了自主学习的舞台，从情感方面为学生的高阶思维培养提供了有利的条件。高阶思维能力是有效学习的必备特征，它包括分析、思辨和创造的能力。在这一节读写课中，彭琴老师引导学生突破传统的写作模板和模式化的思维形式。学生通过积极参与彭老师设计的课堂活动，从识记、理解、应用等低阶思维能力向高阶思维能力发展，学会了分析、思辨并创造性地输出立意新颖、鲜活生动的文章来。这是一节非常成功的读写结合的写作课，值得我们学习借鉴。

第三节 基于支架教学理论的 "活力课堂" 写作课

——Study abroad正反类写作课

一、搭建支架，以读促写

高中英语写作课是提高学生综合运用能力的重要课型。《普通高中英语课程标准（实验）》指出，高中英语课程应根据高中学生的认知特点和学习发展需要，在进一步发展学生基本语言运用能力的同时，着重提高学生用英语获取信息、处理信息、分析和解决问题的能力，逐步培养学生用英语进行思维和表达的能力。高中学生虽然已具备一定的词汇和语法知识，但普遍对写作存在畏惧心理，在写作结构、写作内容及语言表达方面很困惑，缺乏写作的兴趣。学生反映尽管平时努力记忆词汇，但是写作时找不到可用词汇，可见他们还没构建话题词汇积累体系，语言知识没有真正内化为语言能力。尽管他们写了很多作文，但依然存在词汇贫乏、搭配不当、句型误用、语法不通、信息不全、条理紊乱，以及缺乏谋篇布局能力等诸多问题。同时，教师批改作文的负担很大，而学生对自己的写作却缺乏反思。当前高中英语写作教学存在的问题是：忽视对学生写作动机及兴趣的唤起和对语篇体裁图式的输入，写作教学的教学方法机械单一，重视写作结果而忽视写作过程。笔者在教学实践中尝试运用支架理论在写作过程中通过话题引入、语篇阅读和口语活动搭建合适的支架，激发学生的写作兴趣，使学生的语言知识内化成正确使用语言的能力，从而提高写作教学的有效性。

20世纪30年代，苏联著名心理学家维果茨基提出了"最近发展区"（Zone of Proximal Development）理论。20世纪50年代末，认知心理学家布鲁纳在维果茨基的研究基础上，首先提出支架理论（Scaffolding Theory）。"支架"的本意是指建筑行业中使用的脚手架，这里是指一种教学模式，即学生以教师或同伴提供的帮助为支架，在学习过程中理解特定知识、建构知识意义和内化所学的知识技能，从而能够进行更高水平的认知活动，也就是在学生的最近发展区，给学生提供一定的支架，让学生得到充分的发展。笔者基于支架理论，创建按照学生的最近发展区，在写作准备阶段、写作过程中为学生提供支架的写作教学模式。高中写作的话题要贴近学生生活，让学生有话可写，有情可表。生活中的照片也贴近学生生活，采用照片引入，可以激发学生的写作兴趣，为学生构建一个具体的写作情境。阅读语篇前设置话题支架，通过谈论教师在国外学习和旅游的照片，引入阅读和写作话题。以下写作课正是基于支架理论，各个教学环节紧扣，学生写作的语言内化水到渠成。

1. 运用照片搭好支架，引出语篇话题

在引入环节，笔者用PPT先后给学生展示了六张照片，主题分别为"In London""At the beach""With Italian classmates""At QUT in Australia""At my English homestay""At Auckland Grammar School"。学生在"Flash Picture"的活动中很活跃，积极地说出在国外旅游、学习的相关词汇，为下一步的语篇阅读搭好了支架。引入环节搭建支架的方法还有很多，如展示插图、播放音频、开展游戏等。

2. 运用语篇阅读搭建文体支架和写作策略支架

人教版选修7第5单元的话题是"Travelling abroad"。本单元的第一篇阅读语篇 *Keep it up, Xie Lei—Chinese students fitting in well* 讲述一个中国留学生在英国的留学经历，为"出国留学"的写作话题提供了充分的话题输入。Pre-reading 中的第一个任务是：Discuss the advantages and disadvantages of living in a foreign country，可以整合成本单元的写作课，拓展单元话题。考虑到教材中没提供"正反类"写作的模板，笔者选用英国写作教材 *Successful Writing* 的语篇 *The advantages and disadvantages of living in a foreign country*，为正反类写作提供了语篇结构：Introduction—Main body（2 argument paragraphs）—

Conclusion。

3. 运用口语活动的强制性语言输出为写作搭建语言支架

学生在平时的议论文写作中给出的观点往往缺乏足够的论证，没有说服力，因此在表达观点中如何拓展主题句、论证观点是需要突破的难点。英语辩论活动包含正方和反方观点，与正反类写作有共同点，可预设情境为正反类写作搭建语言支架。在上该写作课前，学生已完成了课本阅读部分的学习，初步掌握了本单元的重点词汇与短语，可用到写作中，但是在写作中表达观点的动机不强，而对于口头表达观点更有兴趣。大班教学限制了学生口头表达的机会，需要教师创设情境让学生表达观点。设计限时英语辩论，让学生在有限的时间内进行充分的语言输出，为下一步的写作提供充分的语言支架。

二、Travelling abroad 写作课教学设计

课型定位： 高二写作课

写作话题： Studying abroad

写作类型： 正反类

课题名称： 人教版 Book 7 Unit 5 Travelling abroad写作课

授 课 者： 广东番禺中学彭琴

授课对象： 广东番禺中学高二（13）班

设计意图： 基于高中英语文本阅读，提高学生写作能力

授课时间： 40分钟

（一）学习难度预测

该班是理科重点班，英语基础较扎实但参差不齐，学生在写作结构、写作内容及语言表达方面很困惑。该班学生课前已完成了课本阅读部分的学习，积累了一定的话题词汇，但是仍然欠缺写作的兴趣，观点表达不清晰。因此在表达观点中如何拓展主题句、论证观点是这节写作课需要突破的难点。

（二）语言材料分析

本课是人教版选修7第5单元"Travelling abroad"的写作课。本单元的第一篇阅读语篇*Keep it up, Xie Lei—Chinese students fitting in well*讲述一个中国留学生在英国的留学经历，为"出国留学"的写作话题提供了充分的话题输

入。这节课将Pre-reading 中的第一个任务整合成本单元的写作课，拓展单元话题。考虑到教材中没提供"正反类"写作的模板，本节课使用的阅读语篇 *The advantages and disadvantages of living in a foreign country*和匹配观点与论据的语句均选自英国写作教材*Successful Writing*（Upper-Intermediate）中的 Unit 10 "For and Against" Essays 。通过分析"正反类"写作的文章结构，探究观点的论证手段，以读促写，让学生在课堂上写一个段落，包含 "出国留学"的利或弊，课后写一篇完整的"正反类"作文。

（三）教学目标

1. 语言知识目标

（1）"正反类"写作的语篇阅读及结构分析。

（2）"正反类"观点的表达及观点的论证手段。

（3）关于"出国留学"的话题写作。

2. 语言技能目标

（1）学生通过阅读语篇，能够分析"正反类"写作的语篇结构。

（2）学生通过匹配观点与论证，能够探究论证观点的手段。

（3）学生能够通过辩论进行强制性的口头语言输出。

（4）学生能够写一个表达优点或缺点的段落。

3. 情感态度目标

（1）学生能了解国外生活、教育等情况，促进国际视野和跨文化交流意识的培养。

（2）通过"以读促写"的教学模式，激发学生的写作兴趣。

4. 学习策略目标

（1）以正方和反方两大组进行辩论，在一定程度上促进了学生的合作能力和思辨能力的发展。

（2）以小组合作的形式进行观点讨论和同伴写作互评，提高正确使用语言的意识，相互启发，相互促进。

（四）教学策略

1. 创设情境

创设让学生帮助教师做决定的情境，设计"出国留学"的辩论和写作。

2. 归纳式教学

引导学生阅读语篇，总结归纳出"正反类"写作的语篇结构和论证手段。

3. 任务型教学

阅读、辩论、段落写作的任务设计让学生通过语言输入、语言吸收自然地完成语言输出。

4. 迁移学习

引导学生调用自身已有的关于国外学习的观点，学习完成后从更多方面进行思考，使用论证手段使自己的观点更有说服力。

5. 教学媒体设计

充分利用多媒体辅助教学，选取与课文内容及授课者相关的照片，创设较好的教学情境，运用限时器设计辩论，充分调动学生的学习兴趣，运用实物投影，展示学生作文，增加信息量，增强课堂评价时效。

（五）教学过程（表5-3-1）

表5-3-1　教学过程步骤

教学步骤	设计目的
Step 1: Lead-in （1）Use the activity "Picture Flash" to lead in the topic of the reading "The advantages and disadvantages of living in a foreign country" and the topic of the composition "The advantages and disadvantages of studying abroad". （2）Use the activity "Brainstorm" to urge students to predict the aspects in the reading passage.	目的： 运用"Picture Flash"的活动激发学生的学习热情，引入阅读和写作的话题，运用"Brainstorm"的方式让学生构建与话题相关的背景图示。
Step 2: Reading （1）Get students to read the passage and analyze it's structure: Introduction—Main body（2 argument paragraphs）—Conclusion. （2）Get students to find out the argument with justification. Argument: One the other hand, even if you try your hardest to adapt to your new surroundings it is likely that you will often experience moments of isolation, frustration and loneliness.	目的： 让学生阅读"正反类"的地道语篇，分析篇章结构，阅读观点段落，寻找带有论证的观点。该篇阅读内容与本单元话题相关，为写作的话题提供一定的语言输入。

教学步骤	设计目的
Justification: This can be caused by communication problems, especially if you cannot speak the language yet. **Step 3: Discovering** Ask students to match the arguments and justification to discover the methods of giving justification. The methods of giving justification: Giving an explanation Giving an example Stating a reason Stating a result	目的： 让学生匹配观点和论据，探究论证的方式。这些观点的话题可以拓展单元话题Travelling abroad，为下一步的语言输出提供更多的语言输入。
Step 4: Debating Organize the students to have a 10-minute debate about the topic "The advantages and disadvantages of studying abroad". The rules for the 10-minute debate: 3-minute discussion： Get students to discuss their arguments and justification in groups of four and try to fill in the argument form . 5-minute debate： The debate begins from "For" group. Each student has only one chance to speak. Both groups take turns to speak. The group who can't speak in their turn will have one point off. 2-minute summary： The "For" Group and the "Against" Group are to give 1-minute summary beginning from the "Against" group.	目的： 通过辩论这种强制性语言输出的形式，促进学生表达观点、论证观点的思辨能力的培养，双方辩论时"每人一次机会"的规则激发大部分学生参与辩论，正反双方1分钟的总结陈词，给学生在整理思路、组织语言方面设置了挑战。辩论的表达为下一步的写作提供更坚固的语言支架。
Step 5: Paragraph Writing Students are required to choose the "for" or "against" aspect to write one well-developed paragraph, which should contain: A topic sentence (for or against) Supporting sentences(at least 2 arguments) Proper Justifications (at least 1 justification) **Step 6: Peer Assessment** Ask students to exchange and give comments on their classmates' paragraph according to the criteria.	目的： 要求学生写一个段落表达"出国留学"的利或弊，段落中必需包括主题句、论点及论据，进行书面的语言输出，写出"正反类"作文的段落。

教学步骤					设计目的

What do you think of the work	Excellent （A）	Good （B）	Average （C）	Poor （D）
Topic sentence				
Arguments				
Justification				

目的：
让学生通过同伴评价，巩固正反观点段落写作的写作手段，训练批判性思维，通过欣赏同伴的段落，学习分享，积累更多的语言知识，为下一步的写作任务打下基础。

Assignment

Write an essay with the topic "The advantages and disadvantages of studying abroad" according to the requirements.

Assignment: Write an essay with the topic "The advantages and disadvantages of studying abroad".

Requirements of your assignment:

（1）You are required to write an essay around 120 words on the topic, which includes both "for" and "against" arguments, as well as your own ideas.

（2）Before you hand in your essay, polish it according to the following checking list.

目的：
让学生课后写一篇完整的正反类作文，反思本课所学内容，与课堂的语篇输入相照应，以读促写，完成从语篇输入到语篇输出的整个环节。课后作业Checklist的要求为学生在写作方面提供了更大的发挥空间

三、Travelling abroad 写作课学案

1. 学习思维导图（如图5-3-1）

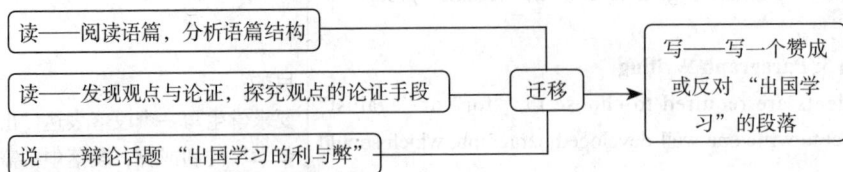

读——阅读语篇，分析语篇结构

读——发现观点与论证，探究观点的论证手段　　迁移　　→　　写——写一个赞成或反对"出国学习"的段落

说——辩论话题"出国学习的利与弊"

图5-3-1　思维导图

2. 学习活动

Activity 1: Read the passage fast and analyze its structure.

Activity 2: Find out the argument with justification.

The advantages and disadvantages of living in a foreign country.

As foreign travel becomes increasingly cheap and convenient, more and more people are discovering new places. Many prefer them to their own countries and decide to move there. But is living abroad as easy as it seems?

One of the main advantages of living in a foreign country is that it gives you the opportunity to experience an entirely different way of life, which can be a valuable form of education. Moreover, one is given the chance to learn and become fluent in another language through everyday use. In addition, many people become more independent and self-reliant by having to cope with difficult situations on their own. Finally, living in a country with a different climate can prove beneficial to both one's health and state of mind.

One the other hand, even though you do your utmost to adjust to new situation you will probably experience moments of isolation, frustration and loneliness. What is more, finding a job can often be a stressful experience as in some countries foreigners are not easily accepted.

In conclusion, living abroad is a good way to learn to co-exist with others. Perhaps if everyone experienced life in a foreign country, relations between countries might improve and the world would become a more peaceful place.

Activity 3: Match the arguments and justification and discover the methods of giving justification.

表5-3-2　**Arguments and justification**

Arguments	Justification
（1）To start with, there really is no faster way to travel.	a. You are served drinks and meals and offered newspapers and blankets.
（2）Furthermore, you always feel well looked after on an aeroplane.	b. Because you may have to put up with airport delays, cramped seats and turbulence.
（3）Of course, there are people who argue that traveling by plane can be a nightmare.	c. This can take up to a week to recover from, which is not a good way to start a holiday.
（4）What's more, traveling from one time zone to another within a few hours means that you are likely to suffer from jet lag.	d. You can go from one country to another in a matter of hours which gives you more time to enjoy the actual purpose of your trip.

The methods of giving justification:

_____

_____

_____

Activity4: Discuss in groups and try to fill in the argument form.

表5-3-3　**Argument Form: Dealing with the arguments**

Teammate / Attitude	Argument	Justification
Student A		
Student B		
Student C		
Student D		

Activity5: Write a paragraph about the topic "The advantage and disadvantages of studying abroad".

_____

_____

Activity 6: Exchange and give comments on your peer's paragraph.

表5-3-4　**Peer Assessment**

What do you think of the work	Excellent (A)	Good (B)	Average (C)	Poor (D)
Topic sentence				
Arguments				
Justification				

Assignment: Write an essay with the topic "The advantages and disadvantages of studying abroad".

Requirements of your assignment:

（1）You are required to write an essay around 120 words on the topic ,which includes both "for" and "against" arguments, as well as your own ideas.

（2）Before you hand in your essay, polish it according to the following checking list.

表5-3-5　Checking List

Item	Title	Introduction	Main body	Conclusion	Clear topic sentence
Check and tick （√）					
Item	Reasonable arguments	Proper justification	Formal words and expressions	Proper linking words	Beautiful handwriting
Check and tick （√）					

四、教学评价

该节课在广州市番禺区"一师一优课，一课一名师"评选中，被评为"精品课"，受到听课师生的一致好评。

1. 课堂设计方面

体现"Involve me, and I will learn it"的教学理念及教师"活力课堂"的教学思想，4人小组讨论、正反两大组辩论、同伴互评，激发了学生参与课堂的兴趣，尤其是10分钟的英语辩论，让三分之一的学生有机会表达自己的观点，与他人观点进行碰撞，促进了学生思辨能力的发展。写作类型的显性设计和写作话题的隐性设计均体现了"以读促写"的教学模式，注重学生写作迁移能力的培养，体现了语言输入和语言输出的有机结合。

2. 课堂教学过程

引入环节为学生的阅读和写作提供了充分的热身，探究环节体现了"活力课堂"中"参与探究"的内涵，第一部分的探究让学生感到有些困难，而第二部分Matching的设计可以增加难度，给出观点，让学生找论据。辩论环节是本节课的最大亮点，充分体现了"活力课堂"中"表达观点""小组合作"和"开拓思维"的内涵，培养学生的批判性思维。"同伴评价"的环节通过欣赏同伴的段落，学习分享，体现了"活力课堂"中"反思评价"的内涵。

3. 学生学习效果

课堂容量很大，充分发展了学生的"最近发展区"，在有限时间内进行快速语言输出，使学生的语言输出水到渠成。在第二个语言输出活动"段落写作"中，学生写作所需平均时间为6~8分钟，比预计的10分钟要少。从上台的两个学生的现场作文和一篇投影的作文来看，他们都可以把课堂学到的观点表达方式及论证方式运用到写作中，如用钱学森出国留学后回国做贡献的例子例证出国学习的好处，充分展现了学生的学习成果。

第六章

"活力课堂"高考护航

第一节 "西入中出"高三语法复习课
——虚拟语气

一、虚拟语气教学设计

课型定位： Grammar Revision

教学内容： Subjunctive mood（Period 1）

授 课 者： 广东番禺中学彭琴

1. Teaching goals

（1）Knowledge

The usage of subjunctive mood in if- adverbial clauses and wish-objective clauses.

（2）Ability

The students are able to use the subjunctive mood to express dreams and regrets.

（3）Emotion

Cultivate the spirit of cooperation, self-teaching, and self-exploring.

2. Teaching methods

（1）Task-based method to finish the teaching assignment.

（2）Revise the function of subjunctive mood through "words-sentences-passage" step by step.

3. Teaching aids

A computer connected to the internet, a blackboard, a tape recorder.

4. Teaching procedures

Step 1: Lead-in

Greeting

Step 2: Pre-task

Look at the picture and say: If I were Yaoming, I would …

T: If you were Bill Gates, would you donate so much money to the society?

虚拟语气的概念：用来表示说的话不是事实，或者是不可能发生的情况，而是一种愿望、建议、假设等。

Step 3: While-task（1）

Discovering the rules

（1）Students read the passage "dream and reality" and find the sentences with subjunctive mood. Discover and discuss the subjunctive mood in the present tense. （Pair work）

① If she lived in the country, she would have a dog.

② Mary shares a flat with three other girls, but if it were/was possible, she would live in her own.

③ If she lived in the country, she would buy a little cottage, and she would grow her own flowers and vegetables.

（2）Talk about two pictures and discover the subjunctive mood in the past tense.

① If he had driven more carefully, he would not have had the car accident yesterday.

② If I had not been busy last night, I would have gone to see the film with you.

（3）Students read the three sentences and discover the subjunctive mood in the future tense.

① If it should rain on Christmas Day, they wouldn't go for an outing.

② If she came here tomorrow, she might tell me that. We know she will fly to Beijing tomorrow.

③ If we were to have three days off, we would enjoy a very happy life.

Step 4: Post-task（1）

（1）Complete the sentences with the right form of the forms.（Pair work）

Ex1: He is busy now. If he _____（be）free, he _____（go）with you.

Ex2: I don't know French, so I can't talk to the French friends.

If I _____ French, I could talk to the French friends.

Ex3: I couldn't go to see the film last Monday. I _____

（see）it if I _____（have）a ticket.

Ex4: If Miss Green _____（come）late tomorrow, who would take her place?

（2）根据所给情境用if造句 (Group work)

① He doesn't speak very clearly—that's why people don't understand him.

If he _____ more _____, people _____.

② That book is too expensive , so I'm not going to buy it.

If the book _____, I _____.

③ I didn't get a taxi because I didn't have any money now.

If _____

③ I didn't know that George had to get up early, so I didn't wake him up.

If I _____, I _____

Step 5: While-task（2）

（1）Students listen to a dialogue "Expressing regret" and complete the sentences

If only _____!

If only _____!

I wish _____!

（2）Read the sentences and discover the subjunctive mood in wish-objective clauses.

Step 6: Post-task（2）

根据wish的虚拟用法完成翻译和填空。

Ex1：我希望我是你多好啊!

_____

Ex2：我多么希望我以前多学一些啊!

_____

Ex3: The last chance has been lost. How he wishes he _____（have）another chance.

Step 7: Reflective-task

（1）Look at the picture and do the oral presentation with the sentences:（Group work）

I wish _____.

If _____, I _____.

（2）Writing: Topic: My dream / My regret

① Show "Piano's diary" as an example for writing.

② Show some possible facts and let the students write five sentences with the subjuctive mood we have revised today.

Step 8: Homework

（1）Complete the consolidation exercises.

See the handout Ex5：假设你处在下列情况下，用I wish……造句。

Ex6：根据文意，用合适的语气形式填空。

（2）Revise what we have learned today.

二、虚拟语气学案

第1课时

1. 请找出下文中含有虚拟语气的句子

Dreams and Reality

Mary lives in a big city. If she lived in the country, she would have a dog. Mary shares a flat with three other girls, but if it were possible, she would live in her own. If she lived in the country, she would buy a little cottage, and she would grow her own flowers and vegetables. In town, she travels by underground and goes shopping in big department stores, but she doesn't like this at all. If she were in the country, she would ride her bike, and she would buy things in the little village shop. She loves walking, and often goes for a walk in town, but the streets are noisy. In the country, she would walk across the fields with her dog.

2. 选择动词的适当形式填空

Ex1: He is busy now. If he _____ （be）free, he _____ （go）with you.

Ex2: I don't know French, so I can't talk to the French friends.

If I _____ French, I could talk to the French friends.

Ex3: I couldn't go to see the film last Monday. I _____

（see）it if I _____ （have）a ticket.

Ex4: If Miss Green _____ （come）late tomorrow, who would take her place?

3. 根据所给情境用if造句

（1）He doesn't speak very clearly—that's why people don't understand him.

If he _____ more _____, people _____.

（2）That book is too expensive, so I'm not going to buy it.

If the book _____, I _____.

（3）I didn't get a taxi because I didn't have any money now.

If _____.

（4）I didn't know that George had to get up early, so I didn't wake him up.

If I _____, I _____.

4. 根据wish的虚拟用法完成翻译和填空

Ex1：我希望我是你多好啊！

_____

Ex2：我多么希望我以前多学一些啊！

_____

Ex3: The last chance has been lost. How he wishes he _____ (have) another chance.

5. 假设你处在下列情况下，用I wish……造句

（1）I can't go to the party（and I'd like to）.

I wish I _____.

（2）I have to work tomorrow（but I'd like to stay in bed）.

I wish _____.

（3）When you were younger, you didn't learn to play a musical instrument.

Now you regret this.

I wish I _____.

（4）You are walking in the country. You would like to take some photographs. but you didn't bring your camera.

_____.

6. 根据文意，用合适的语气形式填空

（It's two o'clock in the morning, Roger and Diana have just come back from a party.）

R: Where's your key?

D: What do you mean? You've got a key, haven't you?

R: If I _____ （get） mine, I _____ （not need） yours, would I ?

D: No, but I haven't got mine.

R: But I told you to bring it.

D: No, you didn't

R: Yes, I did. If you _____ （listen）, you _____ （hear） me.

D: Well, I don't remember you telling me, Anyway, I couldn't find it.

R: You mean you've lost it again?

D: Not really. It's at home somewhere. I _____ （have） time to look for it if we _____ （not leave） in such a hurry.

R: That's not the point. If you _____ （be） more organized, you _____ （keep on） losing it in the first place.

7. Writing

Topic: My dream / My regret

Requirement:

（1）Complete your writing with 5 sentences.

（2）Subjective mood should be included.

_____

_____

_____

三、教学评价

工作室成员邓熹老师的课堂评价：

彭琴老师的这堂英语课以新课程理念为指导，结合她的"活力课堂"理念，运用任务型教学方式引导学生积极参与教学活动，在整个过程中实现师生、生生互动，活动内容丰富多彩，接近学生生活，在互动、交流、合作、探究中实施教学，是一堂成功精彩的英语课。

该节课关注教学方法，体现了一个"活"字。彭老师的教学方法灵活，语法新授课形式多样，在引入新的语法概念时，新颖自然而又生活化。彭老师还注意利用实物、图片、身体语言、表情动作等作为教学资源，创设讲解、操练和运用英语的场景。彭老师贯彻以学生为中心的原则，关注教学过程，尽可能发挥学生的主体作用，让学生真实地去感受知识、体验知识、积极参与、努力实践，在活动中学会用语言表达交流，体现了从不懂到懂、从不会到会、从不熟练到熟练的过程。设计的任务能让学生结合真实的生活体验，这样语言运用才能真实自如，也更能激发学生的学习兴趣。同时，任务的设计需要学生充分合作，小组讨论、建议和教师的评价充分体现了"教师为主导，学生为主体"的教学理念。

在这堂英语课中，彭老师活动的设计和开展有利于学生学习英语知识，发展语言技能，从而提高综合运用语言的能力。英语课堂的活动应该以语言运用为落脚点，本堂课上，彭老师很好地贯彻了学用结合、学以致用的原则。在这样的一个学习过程中，学习者处于相对自然的态势，不断地习得和使用语言，学和用每分每秒都和谐地交织在一起。在活动中，学生自然而然就学会在情境中使用虚拟语气，这对于学生的高考备考而言，是十分有利的。

第二节　培养逻辑思维能力的阅读策略指导课

一、阅读解题策略教学设计

课题定位：阅读理解

课型名称：解题策略

教学资源：NMET 2014 全国（大纲卷）

设 计 者：广东番禺中学彭琴

授 课 者：广东番禺中学彭琴

授课对象：高三学生

授课时间：40分钟

展示时间及地点：2014年11月2日广西玉林市

1. 教学目标

培养学生的逻辑思维能力，让学生识别四种逻辑关系，探究题干与选项的命题设计。

2. 教学重点

（1）引导学生理解阅读理解题中常见的四种逻辑关系。

（2）引导学生分析阅读理解篇章中句子间的逻辑关系，理顺文章发展脉络。

（3）验证答案，引导概括写作。

3. 教学难点

引导学生判别和运用逻辑关系，把握文章脉络，引导段落写作。

4. 教学方法和手段

（1）任务型教学。

（2）小组合作性探究学习。

5. 教学过程（表6-2-1）

表6-2-1　教学过程步骤

教学步骤	教学要求	教学目的
Step I 概念导入（5 mins） 四个大组分别以四种逻辑关系命名：因果关系、先后关系、目的与手段、命题与例证。呈现四个句子，让学生观察四个阅读题干，判断分别考查哪种逻辑关系。	（1）展现四个句子，让学生大声齐读一遍； （2）提问学生：四个句子分别属于哪种逻辑关系； （3）总结：英语阅读理解题中的四种逻辑关系。	呈现概念。通过齐读的方式，激活学生学习氛围。通过分析和总结，明确告知学生阅读理解题中的四大逻辑关系，为下面的教学步骤做铺垫。
Step II 概念训练（20 mins） 阅读文本，关注画线句，根据各题括号中的要求，完成任务。 **Task 1** "目的与手段"概念训练 The CIA may have taught him first-class self-defence moves, but they didn't show him how to talk to girls. Banks has zero ability when it comes to dealing with girls. <u>How can he get around his problem and get an invitation to the girl's upcoming birthday party? Will he finally become Natalie's boyfriend and find out whatever he can about her father's work?</u> [NMET 2014全国（大纲卷）]（Read the underlined sentences and answer the following question） How will Banks possibly become Natalie's boyfriend? **答案：**（方法：目的与手段） He will try to get an invitation to Natalie's upcoming birthday party.	（1）展示原文中的句子，让学生齐读一遍，随后让学生进行pair work，讨论句子间的逻辑手段； （2）玩音乐传球的小游戏。当音乐停止，球落在哪个学生手中，哪个学生就回答问题； （3）讲解分析。	通过文段的训练，加深学生对逻辑手段的理解。每一种概念训练中要求相应概念组回答一个必答题，另一个为全班抢答题，进行四大组间的竞赛。

教学步骤	教学要求	教学目的
高考真题验证： 73. Banks wanted to go to Natalie's birthday party to _____. A. meet her father B. know more people C. make friends with her D. steal some information **即学即练：** Lucy found a wild beehive inside a tree in northern Kenya and set up a recorder. Then she threw a stone into the beehive, which burst into life. Lucy and her assistant hid in their car until the angry bees had calmed down. Next, Lucy searched out elephant families in Samburu National Reserve in northern Kenya and put a speaker in a close to each family. （NMET 2014 安徽） (Explain and paraphrase the underlined sentences with 目的与手段. Fill in the blank with less than 5 words.) Lucy threw a stone into a wild beehive to _____ . **答案：** set up a recorder /record the sound of bees （方法：倒置目的与手段） **Task 2** "因果关系" 概念训练 Born in Chicago in 1902, brought up and schooled in Nebraska, the 19-year-old college graduate Ralph Tyler became hooked on teaching while teaching as a science teacher in South Dakota and changed his major from medicine to education. {Para 2} （Explain and paraphrase in your own words. Fill in the blanks with only one word.）		

教学步骤	教学要求	教学目的
（1）He changed his major from medicine to education _____ he became attracted to teaching. **答案：** because（方法：倒置因果） 即学即练： My arm was injured, but the outcome for us could hardly have been better. I'm proud that my family reminded clear-headed when panic could have led to a very different outcome.（NMET 2014 北京） （Explain and paraphrase 因果 in your own words. Fill in the blanks with only one word.） （2）The writer and his family survived mainly because they are _____. **答案：** calm/clear-headed.（方法：倒置因果） **高考真题验证：** 62. The writer and his family survived mainly due to their _____ . A. pride B. patience C. calmness D. cautiousness **Task 3** "先后关系" 概念训练 *Arriving* in Sydney on his own from India, my husband, Rashid, stayed in a hotel for a short time while looking for a house for me and our children. （Explain and paraphrase in your own words. Fill in the blanks with only one word.） _____ his arrival in Sydney on his own from India, my husband, Rashid, stayed in a hotel for a short time while looking for a house for me and our children.		

续 表

教学步骤	教学要求	教学目的
答案： After.（方法：先后关系） **Challenging yourself：设计高考阅读干扰项** I waited by the side of the highway for three hours but no one stopped for me. Finally, a man walked over and introduced himself as Gordon. He said that although he couldn't give me a lift, I should come back to his house for lunch. He noticed me standing for hours in the November heat and thought I must be hungry. I was doubtful as a young girl but he assured（使…放心）me I was safe, and he also offered to help me find a lift home afterwards. When we arrived at his house, he made us sandwiches. After lunch, he helped me find a lift home. 51. Which of the following did Gordon do according to Paragraph 2? A. B. C. D. **高考真题验证：** 51. Which of the following did Gordon do according to Paragraph 2? A. He helped the girl find a ride. B. He gave the girl a ride back home. C. He bought sandwiches for the girl. D. He watched the girl for three hours. **即学即练：** One morning, Ann's neighbor Tracy found a lost dog wandering around the local elementary school. She asked Ann if she could keep an eye on the dog. Ann said that she could watch it only for the day. Tracy	将学生分成四个大组： （1）各小组学生分别讨论并完成题目；	通过真题篇章训练，巩固学生所学知识，进一步验证概念。通过小组合作性探究学习以及组间竞赛的形式，活跃课堂气氛。

159

教学步骤	教学要求	教学目的
took photos of the dog and printed off 400 FOUND fliers（传单）, and put them in mailboxes. Meanwhile, Ann went to the dollar store and bought some pet supplies, warning her two sons not to fall in love with the dog.（NMET 2014 山东） （Underline the verb phrases which describe what Tracy did） **答案**: found a dog, asked Ann, took photos, printed flies, put them in mailboxes. **高考真题验证:** After finding the dog, Tracy asked her neighbor Ann to look after the dog. Then _____ . A. she looked for its owner B. she fell in love with the dog C. she sold it to the dollar store D. she bought some food for it **Task 4** "命题与例证" 概念训练 71. Although Tyler officially retired in 1967, he never actually retired. He served on a long list of educational organizations in the United States and abroad. Even in his 80s he traveled across the country to advise teachers and management people on how to set objectives（目标）that develop the best teaching and learning within their schools. {Para 6} （Underline the topic sentence, and then paraphrase the two examples that illustrate the topic sentence .） （1）He still _____ in many educational organizations around the world. （2）Even in his 80s, he still _____ to teachers and management people about setting goals.	（2）讲解环节：以抢答形式进行。学生回答前需要先朗读文段。	

160

续 表

教学步骤	教学要求	教学目的
答案： （1）served （2）gave advice（方法：命题与例证） **高考真题验证：** 71. Tyler is said to have never actually retired because _____. A. he developed a new method of testing B. he called for free spirit in research C. he was still active in giving advice D. he still led the Eight-Year Study **即学即练：** 67. People believe that climbing can do good to health. {Para 1} How do people climb the wall? {Para 2} Climbing attracts people because it's good exercise for almost everyone. {Para 3} （Explain and paraphrase 命题与例证 in your own words. Fill in the blanks.) By telling us the _____ of wall climbing, _____ of wall climbing and people's _____ towards wall climbing, the author wants to _____. 答案： advantages; methods; attitudes; introduce the sport of wall climbing（方法：命题与例证） **高考真题验证：** 67. Why does the author write this passage? A. To tell people where to find gyms. B. To prove the basic need for climbing C. To encourage people to climb mountains. D. introduce the sport of wall climbing **Step III 概念印证：真题演练（7mins）** 阅读下列短文，从每题所给的A、B、C和D项中，选出最佳选项。		

教学步骤	教学要求	教学目的
One of the latest trend（趋势） in American Childcare is Chinese au pairs. Au Pair in Stamford, for example, has got increasing numbers of request for Chinese au pairs from aero to around 4,000 since 2004. And that's true all across the country. "I thought it would be useful for him to learn Chinese at an early age" Joseph Stocke, the managing director of a company, says of his 2-year old son. "I would at least like to give him the chance to use the language in the future," After only six months of being cared by 25-year-old woman from China, the boy can already understand basic Chinese daily expressions, his dad says. Li Drake, a Chinese native raising two children in Minnesota with an American husband, had another reason for looking for an au pair from China. She didn't want her children to miss out on their roots." Because I am Chinese, my husband and I wanted the children to keep exposed to（接触） the language and culture（文化）." she says. "Staying with a native speaker is better for children than simply sitting in a classroom," says Suzanne Flynn, a professor in language education of Children." But parents must understand that just one year with au pair is unlikely to produce wonders. Complete mastery demands continued learning until the age of 10 or 12."	将课堂所学知识进行归纳总结。 要求学生要充分分析篇章的逻辑手段，并进行解题。	

续 表

教学步骤	教学要求	教学目的
The popularity of au pairs from China has been strengthened by the increasing numbers of American parents who want their children who want their children to learn Chinese. It is expected that American demand for au pairs will continue to rise in the next few years. 64. What does that term " au pair" in the text mean? 命题与例证 A. A mother raising her children on her own. B. A child learning a foreign language at home. C. A professor in language education of children. D. A young foreign woman taking care of children. 65. Li Drake has her children study Chinese because she wants them _____. 因果关系 A. to live in China some day B. to speak the language at home C. to catch up wit other children D. to learn about the Chinese culture 66. How can children learn a foreign language best according to Flynn? 目的与手段 A. From their parents. B. By attending classes. C. From a native speaker. D. By starting at an early age. 67. What can we infer from the text? 因果关系 A. Learning Chinese is becoming popular In America.	根据"真题验证"的阅读材料,引出"中文学习热"的话题,要求每组学生写一个段落。	引导学生分析语义关系,以读促写。

163

续 表

教学步骤	教学要求	教学目的
B. Educated woman do better in looking after children. C. Chinese au pairs need to improve their English Skills. D. Children can learn a foreign language well in six months. **Step IV概念运用：段落写作（8 mins）** 根据话题"中文学习热"，写出其原因，及如何学好中文。 "命题与例证"和"因果关系"组写原因部分，"目的与手段"和"先后关系"组写如何学好中文。 **Step V 本课总结（1 mins）** 四种逻辑关系：目的与手段、因果关系、先后关系、命题与例证。		总结课堂所学知识 巩固课堂所学知识

二、教学评价

该节课在2014年广西高中英语高效课堂展示暨高考英语复习教学观摩研讨会活动中作为名师示范课"英语阅读思维与逻辑教学"展示，受到听课师生的一致好评。

工作室成员胡奕娴老师的课堂评价：

英语是一门讲究逻辑的语言，一篇文章的起承转合自然都有规律可循。本节阅读课让学生关注四种逻辑关系，把握文章的行文脉络，从而高效解题。各个步骤环环相扣，难度递增。以四种逻辑关系为小组命名，进行小组竞赛，既能调节课堂气氛，让学生积极参与，又能强化四种概念，整节课下来，基本能达到预期的教学目标。

我们在高三总复习中总会陷入这样的困境：学生做完阅读理解，追问他为什么做出这个选择，他们往往丢来一句"感觉"。通俗点说就是说不出个所以然来。究其原因，就是因为很多学生的思考过程都是杂乱无序、毫无逻辑的，最后也没有形成有效的沉淀，更不能找到清晰的结论。看完彭老师的案例，我大脑中首先想到的是思维可视化。彭老师的课把阅读理解的过程从无序到有

序，思维的方向在我们眼前如画卷一般展开。《普通高中英语课程标准（2017
年版）》把"思维品质"列入核心素养之一，要求教育者教会学生观察、分
析、归纳、运用、创新、迁移。而彭老师早在2014年就已经走在教育的前端。

彭老师的教学案例中，第一步是让学生先识别每种题干里潜藏的逻辑关
系，这样的概念导入是让学生首先从出题者的角度思考，锁定出题者的内容定
位。一篇300～400字的语篇中，出题者围绕文章的中心选择一个或一组信息点
设问，而学生首先要能够通过阅读题干知道问了什么、要答什么，问答之间的
逻辑关系就是答案。这也是彭老师教学步骤第一步的目的所在。先知道出题者
问什么，要求读者答什么。譬如，以why开头的题干，学生能知道出题者问的
原因，需要在原文中根据关键词找其存在的因果关系。第二步就是让学生在语
篇中真正去体验、操练四种关系。学生要去观察、归纳、分析、运用四种逻辑
关系如何通过语言体现。语言就是思维的工具，在探究的过程中，学生把做题
的思维过程一一可视化，不但把自己的思维呈现在组员面前，同时也听到了其
他同学分享的思维过程。他们观察、分析、归纳、推断出答案的过程清晰可
见，不再是泛泛的一句：凭语感。学生拿出了真凭实据给自己的阅读题干找到
了原文的证据支撑。他们所要做的就是先确定是何种关系，再从该关系出发，
锁定原文线索，理解句子做出匹配。整节课从展示、发现、操练到巩固的过程
中，彭老师非常注重课堂的有效性。通过小组竞赛、小组合作，让学生在活力
有趣的氛围下接触枯燥的理论——逻辑关系以及其在语篇的体现。最后运用到
促写环节，让学生将从语篇里学习到的四种关系句型结构运用到写作中，真正
达到了产出的作用，学以致用得到了淋漓尽致的体现。

回归到我个人的高三英语阅读理解的讲评课中，我的教学步骤是篇章结
构—题干关键词画线、在题干关键词基础上定位原文线索、匹配答案与原文。
题干关键词画好后，我会提问学生：题干需要我们去原文找哪方面信息？如题干
是：Why is the newly-discovered shield considered to be valuable? 我们需要带着
newly-discovered shield，valuable这两个关键词去原文关注表因果关系的词，如
because，so等。彭老师的教学案例从理论上指导了我如何去帮学生归纳，给了
我有序的思维。

第三节　识别分析定语从句　突破长难句障碍

一、"识别分析定语从句　突破长难句障碍"学案

I.经典每课一练

（1）The Internet has brought about big changes in the way we work .

互联网给我们的工作方式带来很大的改变。

（2）Do you still remember the farm (that) wc visited three months ago?

你仍然记得三个月前我们参观过的工厂吗？

（3）The journey around the world took the old sailor nine months, during which the sailing time was 226 days.

环游世界花了这个老士兵九个月的时间，其中226天都在航行。

（4）There were dirty marks on her trousers where she had wiped her hands.

在她裤子上擦过手的地方，有脏的痕迹。

（5）Helen was much kinder to her youngest son than to the others, which, of course, made the others envy him.

海伦对她最小的儿子比对其他的孩子要好，这当然使得其他孩子嫉妒他。

II.巧记高频词汇

1.推演题（共5小题；每小题1分，满分5分）

根据转换规则或逻辑关系，在空白处填写正确的单词。

（1）refugee：refuge =coffee drinker：_____

（2）Newton：gravitation = Darwin：_____

（3）liberation：liberator = graduation：_____

（4）schooling：education = hunger：_____

（5）Christ：Christianity= Buddha：_____

（6）visit：visitor=special：_____

答案：（1）cafeteria；（2）evolution；（3）graduate；（4）starvation；

（5）Buddhism；（6）specialist

2. 匹配题（共4小题；每小题1分，满分4分）

（1）digital （2）rescue （3）directory （4）cafeteria

a b

c d

答案：（1）b （2）d （3）c （4）a

Ⅲ. 演练必备语法

1. 定语从句与分词的转换

（1）分词转换为定语从句

现在分词做定语时，它所修饰的名词通常就是现在分词的逻辑主语，并且通常可转换成一个定语从句；而动名词做定语表示的是被修饰名词的作用、用途等，不能转换成定语从句。

比较：

a moving truck——正在移动的汽车（moving为现在分词，与truck有主谓关系）。

可换成：a truck which is moving.

a moving truck——搬家汽车（moving为动名词，说明truck的用途）。

a hunting dog——正在猎物的狗（hunting为现在分词，与dog有主谓关系）。

可换成：a dog that is hunting.

a hunting dog——猎狗（hunting为动名词，说明dog的用途）。

（2）定语从句可转换成分词

当一个名词所指的内容是泛指时，分词短语既可以有进行时的意思，也可以有一般时的意思，定语从句不论是进行时还是一般时，都可转换成分词（短语）。

① I know the men（who are）sitting in that car.

② The problem（which is）bothering everybody is the lack of money.

③ The boys helped the people（that were）hurt in the accident.

④ The book（that has been）given to him is an English novel.

有些定语从句不能按上述方法直接缩略，而须变动词。因为这类定语从句一般缩略为现在分词短语，且在缩略时要考虑现在分词的时态和词态特征。

例如：

① Bill, who had taken chemistry in high school ,offered to help him.

→ Bill, having taken chemistry in high school , offered to help him.

② Now, however, the furniture which they are carrying down to the truck feels very heavy.

→ Now, however, the furniture being carried down to the truck feels very heavy.

（3）定语从句与分词不能替换的情况

以下几种情况，一般不可以把定语从句转换为分词（短语）：

① 虽然关系代词做定语从句的主语，但如果从句的谓语中含有情态动词，则不能转换成分词（短语）。

Those who must finish their work before lunch are working very hard now.

② 虽然关系代词做定语从句的主语，但从句谓语是完成时态主动语态时，则不能转换成分词（短语）。

The flower survived the fire that had burned the market-place.

③ 在特指某一事物的名词后面，现在分词（短语）通常具有进行的意思，

若表示"非进行时"的意思，只能用定语从句。定语从句不表示进行时就不能转换成分词（短语）。

The boy who brings the milk has been ill. 不能说；The boy bringing the milk has been ill.

The woman who looks after my small brother gets paid 50 yuan an hour. 不能说：The woman looking after my brother gets paid 50 yuan an hour.

④ 虽然关系代词做定语从句的主语，且从句谓语动词是主动语态，但如果从句谓语动词所表示的动作发生在主句谓语动作之前或之后，则不能转换成分词（短语）。

The man who came this morning is our class teacher.

This is the professor who is going to teach us English next term.

I want to talk to the person who broke that cup.

2. 定语从句状语翻译方法

英语中有些定语从句对它的先行词所起的限定、修饰功能很弱，只是形式上的定语结构，实际上在意义上与主句有状语关系，说明原因、结果、条件、让步、转折、目的、时间、空间等关系。翻译时首先判断主、从句之间的关系，然后再将定语从句转换成适当的状语从句形式加以翻译。

（1）译成条件状语从句

英语的定语从句如果在意义上具有表明主句条件的含义，在翻译时可以加上汉语表示条件关系的词语，如：如果、要是等词，并转译成汉语相应的从句。

例：Anyone who cares about what schools and colleges teach and how their students learn will be interested in the memoir（回忆录）of Ralph W. Tyler, who is one of the most famous men in American education.

任何人，如果关心中小学和大学所教的内容以及学生的学习方法，就会对Ralph W. Tyler的回忆录感兴趣，因为Ralph W. Tyler 是美国教育界最有名望的人物之一。

翻译：

Nurses and other care-givers need to be aware of the possible meanings of silence when they come across the personal anxiety their patients may be experiencing.

Nurses should recognize their own personal and cultural construction of silence so that a patient's silence is not interrupted too early or allowed to go on unnecessarily. A nurse who understand the healing（治愈）value of silence can use this understanding to assist in the care of patients from their own and from other cultures.（2016全国I阅读D篇）

当护士和其他看护者遇到可能正在经历焦虑的病人突然沉默时，要注意这可能意味着什么。护士应该认识到他们可能沉默的原因并且从文化角度上理解病人沉默的原因，这样病人的沉默不会过早被打断，也不会让病人继续保持不必要的沉默。如果了解治愈沉默功效，护士就可以通过理解自己和其他文化，来帮助照顾病人。

What does the author advise nurses to do about silence?（　　　）

A. Let it continue as the patient pleases.

B. Break it while treating patients.

C. Evaluate its harm to patients.

D. Make use of its healing effects.

（2）具有目的性状语性质的定语从句转译法

对于具有一定目的意义的定语从句，在翻译时可以将其看作目的状语来翻译，一般可以翻译成"以""以便"。

例：Even in his 80s he traveled across the country to advise teachers and management people on how to set objectives（目标）that develop the best teaching and learning within their schools.（用表示目的的分句翻译）

甚至在八十多岁时，他还跑遍全国，指导教师和管理人员怎样制定一个又一个目标，以推进其学校教与学的最优化。

（3）译成结果状语从句

英语的定语从句如果在意义上具有说明主句结果的含义，在翻译时可以加上汉语表示结果关系的词语，如因此、使、从而等词，并转译成汉语相应的从句。

例：Graduate work at the University of Chicago found him connected with honorable educators Charles Judd and W. W. Charters, whose ideas of teaching and testing had an effect on his later work.（用表示结果的分句翻译）

在芝加哥大学读研究生期间，他认识了受人敬仰的教育学家Charles Judd 和 W.W. Charters，这两位教育学家关于教育和考试的思想对他后来的工作颇具影响。

（4）译成时间状语从句

句子结构中带有时间逻辑含义的定语从句可以做时间状语来翻译，一般翻译成"在……时"。

例：A worker who is fixing the machine mustn't talk with others or be absent-minded.

工人在修理机器时不能说话和走神。

翻译：

Even as late as 1870 when their numbers had already become smaller, a flock believed to be 1 mile wide and 320 miles（about 515 kilometers）long was seen near Cincinnati.

甚至到了1870年后期，当它们的数量已经开始有所减少时，我们还是在辛辛那提附近看到了1英里宽、320英里（约515公里）长的鸟群。

Ⅳ. 探秘篇章规律

1. 篇章纽带

当句子进入语段、语段进入语篇的时候，往往要用一些连接手段把句子和句子、语段和语段，有时甚至是段落和段落连接起来，使它们之间建立起各种逻辑意义关系，并使整个语篇在意义上具有连贯的性质。这种连句成篇的手段叫作篇章纽带。篇章纽带可分为三大类：逻辑纽带、语法纽带、词汇纽带。逻辑纽带（Logical Connector）指表示各种逻辑意义的连句手段，包括表示时间关系、空间关系、列举和顺序、增进和引申、转折和对比、等同和替换、过渡和总结、因果和推论等逻辑意义的篇章纽带。其中多数是连接性状语，又叫"连接性附加语"（Conjunct），当然还有其他结构发挥类似的作用。

请阅读下文，完成表格，探究篇章纽带类型及规律：

本文提及18至20世纪的时间段和两个州（Ohio\Michigan）

Passenger pigeons（旅鸽）once flew over much of the United States in unbelievable numbers. Written accounts from the 18th and 19th centuries described flocks（群）so large that they darken the sky for hours.

It was calculated that when it population reached its highest point, they were more than 3 billion passenger pigeons — a number equal to 24 to 40 percent of the total bird population in the United States, making it perhaps the most abundant bird in the world. Even as late as 1870 when their numbers had already become smaller, a flock believed to be 1 mile wide and 320 miles（about 515 kilometers）long was seen near Cincinnati.

Sadly, the abundance of passenger pigeons may have been their undoing. Where the birds were most abundant, people believed there was an ever-lasting supply and killed them by the thousands. Commercial hunters attracted them to small clearings with grain, waited until pigeons had settled to feed, then threw large nets over them, taking hundreds at a time. The birds were shipped to large cities and sold in restaurants.

By the closing decades of the 19th century, the hardwood forests where passenger pigeons nested had been damaged by Americans' need for wood, which scattered（驱散）the flocks and forced the birds to where cold temperatures and spring storms contributed to their decline. Soon the great flocks were gone, never to be seen again.

In 1897, the state of Michigan passed a law prohibiting the killing of passenger pigeons, but by then, no sizable flocks had been seen in the state for 10 years. The last confirmed wild pigeon in the United States was shot by a boy in Pike County, Ohio, in 1900. For a time, a few birds survived under human care. The last of them, known affectionately as Martha, died at the Cincinnati Zoological Garden on September 1, 1914.（NMET 2014 全国I）

2. 叙事模式

这种结构模式一般是由"摘要（abstraction）— 定位（orientation）—叠合事件（complicating events）— 评价（evaluation）— 解决（resolution）和结尾（coda）"六个成分构成，常用于书面叙事作品，但并非所有的叙事篇章都具备所有的成分，如摘要和结尾有时就没有。

（1）摘要（abstraction）——对要说的事的简要概括。

（2）定位（orientation）——对时间、地点、人物所做的交代，以过去进行时和时间、地点、方式状语为语言标记。

When: the 18th and 19th centuries

Where: the United States

Who: Passenger pigeons

（3）叠合事件（complicating events）——对构成故事的主要事件的发展安排，以一般过去时和时间顺序为语言标记。

表6-3-1　What happened to the Passenger pigeons

Time	What happened to the Passenger pigeons
the 18th and 19th centuries	they darken the sky for hours
1870	when a flock believed to be 1 mile wide and 320 miles（about 515 kilometers）long was seen near Cincinnati.
By the closing decades of the 19th century	the hardwood forests where passenger pigeons nested had been damaged
In 1897	by then, no sizable flocks had been seen in the state for 10 years
In 1900	The last confirmed wild pigeon was shot

（4）评价（evaluation）——分外部评价与内部评价。

（5）解决（resolution）——对人物、情节或事件结局的交代。

高考验证：

In the 18th and early 19teh centuries, passenger pigeons _____.

A. were the biggest bird in the world

B. lived mainly in the south of America

C. did great harm to the natural environment

D. were the largest bird population in the US

（6）结尾（coda）——故事世界与当时的现实世界之间构建的一种联系。

请根据表格中的时间，回答What happened to the Passenger pigeons?

探究语篇的篇章规律：逻辑纽带中表示时间关系的连句手段是一些表示时间过渡的连接性状语，如 meantime，meanwhile，in the meantime，in the meanwhile等，以及某些时间状语。

二、教学评价

该节课在"广东省3A高考英语大讲堂"高考英语专项课直播中展示，受到听课师生的一致好评。

工作室成员吴茜老师评课：

彭琴老师的这节定语从句课，并没有从传统的角度去讲解语法，不是从定语从句的作用到先行词、引导词，从关系代词到关系副词，而是重点讲解了定语从句与分词的转换，以及定语从句作为状语的翻译方法。而这正体现了"活力课堂"的教学理念。因为这样的讲解是对定语从句理解的升华，需要老师不断地去启发学生积极思考，锻炼了学生的思维品质。同时，彭老师还整合了历年相关的高考题，将语法与高考题完美结合，引导学生发现解题技巧，体现了思维上的活力，是真正意义的"活力课堂"。

需要注意的是，在讲解定语从句可以转换为状语去翻译时，如果能明确提出时间关系、因果关系等逻辑关系的概念的话会更好。另外可以补充一点，将定语从句翻译为原因状语从句，定语从句表示原因不管是在课本中还是在高考题中都有体现，是一个出现率相当高的语言现象，也是解题的难点。同时，在课后练习的设计中，如果能针对课堂的讲解，设置一些把状语从句改写为定语从句，以及用定语从句去翻译不同逻辑关系句子的练习会更好地帮助学生巩固课堂所学，达到学以致用的目的。

参 考 文 献

［ 1 ］Comprehensive output in its development ［ A ］.In S. Gass & C. Madden (Eds.), Input in Second.

［ 2 ］F. Brandwein (Eds.). The Teaching of Science ［ C ］.Cambridge, MA: Harvard University Press.1-104.

［ 3 ］Krashen,S.D..Principles and Practice in Second Language Acquistion ［ M ］. Oxford: Pergamon Press, 1982.

［ 4 ］Language Acquistion ［ C ］. Rowley, MA: Newbury House. 143-162.

［ 5 ］Li, L..Integrating thinking skills in foreign language learning:What can we learn from teachers'perspectives? ［ J ］. Thinking Skills and Creativity.

［ 6 ］Schwab. J. J.. The teaching of Science as Inquiry ［ A ］.In J. J. Schwab & P, 1962.

［ 7 ］Swain, M.. Communicative competence: Some roles of comprehensible input and comprehensible output in its development ［ A ］. Rowley, Mass: Newbury House,1985:235-253.

［ 8 ］Virginia Evans. Successful Writing ［ M ］. Express Publishing, 2006.

［ 9 ］L. G. Alexander. NEW CONCEPT ENGLISH ［ M ］.北京：外语教学与研究出版社，1997.

［10］中华人民共和国教育部.全日制义务教育普通高级中学英语课程标准（实验稿）［ M ］.北京：北京师范大学出版社，2001.

［11］中华人民共和国教育部.普通高中英语课程标准（实验）［ M ］.北京：人民教育出版社，2003.

［12］中华人民共和国教育部.2008年普通高等学校招生全国考试大纲［ M ］.

广州：广东高等教育出版社，2008.

［13］中华人民共和国教育部.普通高中英语课程标准（2017年版）［M］.北京：人民教育出版社，2018.

［14］彼得·圣吉.第五项修炼：学习型组织的艺术与实践［M］.张成林，译.北京：中信出版集团股份有限公司，2018.

［15］陈剑.高中英语语法教学案例分析［J］.中小学外语教学，2006.

［16］陈亚红，赵旭辉.运用支架理论提高高中英语阅读教学的有效性［J］.中小学外语教学（中学篇），2016（2）.

［17］陈则航，邹敏.中学英语教师对批判性思维的理解和教学实施［J］.中小学外语教学（中学篇），2016（7）.

［18］程佩，潘涌.PISA2018设计草案发布，未来阅读测试聚焦：批判性思考与创造性表达［N］.中国教育报，2016-12-23.

［19］程晓堂，孙晓慧.英语教材分析与设计［M］.北京：外语教学与研究出版社，2011.

［20］程晓堂，赵思奇.英语学科核心素养的实质内涵［J］.课程·教材·教法，2016.

［21］程晓堂.英语教师课堂话语分析［M］.上海：上海外语教育出版社，2009.

［22］董越君.高中英语读写结合教学新思路探索［J］.中小学外语教学（中学篇）2016（2）：54-59.

［23］范晓筠.支架理论在大学英语写作教学中的应用［J］.开封大学学报，2012（2）.

［24］冯蔚清.教师专业发展的模式与机制研究［M］.广州：广东海燕电子音像出版社，2016.

［25］龚亚夫.英语教育新论：多元目标英语课程［M］.北京：高等教育出版社，2015.

［26］郭强.高中英语以读促写教学模式的实践探究与思考［J］.中小学外语教学（中学篇），2016（3）.

［27］胡展航.基于学生能力培养的参与式课堂教学模式［M］.广州：南方出版传媒新世纪出版社，2017.

［28］梅德明，王蔷.普通高中英语课程标准（2017年版）解读［M］.北京：高等教育出版社，2018.

［29］梅德明，王蔷.改什么？如何教？怎样考？高中英语新课标解析［M］.北京：外语教学与研究出版社，2018.

［30］潘玉梅.支架理论在高中英语写作教学中的运用与探究［J］.中小学英语教学与研究，2015（6）.

［31］彭琴.构建英语语法的知识网络、探索西入中出的教学模式［J］.广东教学研究，2012（2）.

［32］彭琴.提高高三英语语法课堂教学效率的策略和方法研究［J］.广州市中小学、中等职业学校特约教研员研究成果选编，2010（6）.

［33］彭琴.学伴用随教学原则在高中英语以读促写教学模式构建的应用［J］.基础外语教学，2018（1）.

［34］Raymond.剑桥英语语法［M］.北京：外语教学与研究出版社，1995.

［35］外语教学与研究出版社.普通高中课程标准实验教科书·英语第一册（必修1）［M］.北京：外语教学与研究出版社，2012.

［36］王初明.学相伴 用相随：外语学习的学伴用随原则［J］.中国外语，2009（9）.

［37］王初明.外语是怎样学会的［M］.北京：外语教学与研究出版社，2010.

［38］王初明.互动协同与外语教学［J］.外语教学与研究，2010（4）.

［39］王初明.内容要创造 语言要模仿：有效外语教学和学习的基本思路［J］.外语界，2014（2）.

［40］王初明.学伴用随教学模式的核心理念［J］.华文教学与研究，2016.

［41］王蔷.普通高中英语课程分析与实施策略［M］.北京：北京师范大学出版社，2010.

［42］文秋芳，王建卿，赵彩然，等.构建我国外语类大学生思辨能力量具的理论框架［J］.外语界，2009（1）.

［43］叶澜."新基础教育"论：关于当代中国学校变革的探究与认识［M］.上海：教育科学出版社，2017.

［44］章兼中.外语教育心理学［M］.合肥：安徽教育出版社，1986.

［45］章兼中.英语教学模式论［M］.福州：福建教育出版社，2015.

［46］周文筑.新课程下的中学英语语法教学［J］.中小学外语教学，2006（3）.

［47］朱晓燕.英语课堂教学策略：如何有效选择和运用［M］.上海：上海外语教育出版社，2011.

［48］佐藤学.静悄悄的革命：课堂改变，学校就会改变［M］.李季湄，译.北京：教育科学出版社，2015.